怒り　不安　不満

モヤモヤした感情を整理する8つのコツ

ネガティブな感情を明日に残さない"響く"言葉

植西聰
AKIRA UENISHI

水王舎

モヤモヤした感情を整理する8つのコツ

はじめに

「感情」――このやっかいなものに人間は振り回され、時には悩み、時には愚かな行為をしでかし、人生を台無しにしたりします。

では、感情なんてなければよいのかと言えば、それでは人間らしさが失われます。「うれしい」「楽しい」といった喜びを感じることができなくては、生きる意味がありません。

怒り、不安、不満といった負の感情も、実は生きる上では必要なものです。特に「恐怖」は原始的な感情で、外敵から身を守るためにあらゆる動物に備わっていると言われています。

「負の感情」を持つこと自体は、なんら問題ではありません。怒りたいときには怒ればいいし、悲しいときに涙を流すのはとても自然なことです。

問題なのは、この「負の感情」がいつまでも心に住み着いて、私たちの行動によくない影響を与えることです。「負の感情」に支配されると、人間関係がぎくしゃくしますし、仕事や勉強に対しても前向きに取り組むことができなくなります。

では、負の感情をコントロールするにはどうすればいいのでしょうか。実は、紀元前の昔から、人間はこの課題に取り組み、いくつかの答を出してきました。それが、本書で紹介する古今東西の「賢人の言葉」です。歴史の波をくぐり抜けてきた彼らの言葉は、いろんな時代で、生きる人たちの指針となってきたのです。

本書では、怒り、恐れ、不安、不満といった感情を、どうすればうまく切り替えることができるか、賢人の言葉をひも解きながら解説しました。

人には、「怒り」を「赦し」に変え、「恐れ」を「安堵」に変え、「不安」を「希望」に変え、「不満」を「感謝」に変える知恵が備わっているはずです。

「気持ちの切り替えがうまい人」が、人生を楽しく賢く生きる人です。運を自分に引き寄せて、幸せに生きている人は、例外なくそうです。

本書が、読者の方々のモヤモヤを解決する一助になれれば幸いです。

著者

モヤモヤした感情を整理する8つのコツ　目次

第1章 「クヨクヨした」感情を整理するコツ

第2章

「怒り」の感情を整理するコツ

第3章

「恐れ」の感情を整理するコツ

第4章

「不安」の感情を整理するコツ

第5章

「後ろ向き」な感情を整理するコツ

第6章

「がんばりすぎる」感情を整理するコツ

第7章

「愛されたい」感情を整理するコツ

第8章

「認めてもらいたい」感情を整理するコツ

第1章

「クヨクヨした」感情を整理するコツ

人生は雨後に虹を見るか泥を見るかだ

何かが身に降りかかったら、春がやってきたと思えばいい。夏がやってきたと思えばいい。秋がやってきたと思えばいい。冬がやってきたと思えばいい。

——江戸中期の禅僧・臨済《りんざい》宗中興の祖　白隠《はくいん》

「春は風が強く、洗濯物などが吹き飛ばされてしまう難点があるが、寒さから解放され、草花によって心を癒される利点がある。夏は暑くて体がだるくなる難点があるが、水遊びが楽しめる利点がある。秋は日暮れが早くなるのでさびしい気分になる難点があるが、新米をはじめ多くのおいしいものが食べられる利点がある。冬は風邪をひきやすくなる難点があるが、雪遊びが楽しめ、温かい料理をおいしく感じる利点がある。人生も同じだ。何かが身に降りかかってきたら、難点ばかりとは限らない。何かしらの利点がある。だから、マイナスの現象に思えても、悲嘆に暮れてばかりいてはいけない」

そういうことを、白隠《はくいん》の言葉は表しています。

就職活動に失敗し、就職浪人を余儀なくされたときなどがいい例です。希望する会社に入れなかったのですから、難点です。

しかし、そのおかげで、自分が本当に望んでいる天職をじっくりと探し出すことができるとも考えられます。天職に就ければやりがいを感じるだろうし、人生を十分に楽しんでいるという幸福感だって味わえます。そう考えると、就職浪人は利点にもなると思うのです。

人生が**思い通りに行かないからといって悲嘆に暮れることはない**のです。

「どんな現象でも難点と利点はつきもの」と考え、利点だけを見つめるようにすれば、どんよりと曇った心に光が射すことでしょう。

何ごとにも利点を見つめるという考え方でいきましょう。

人生は考え方一つで明るくも暗くもなる

それ浄土というも、地獄というも、
外には候《そうら》はず、
ただ我らが胸の間にあり

——鎌倉時代の僧・日蓮《にちれん》宗の開祖　日蓮《にちれん》

「極楽とか地獄というものは、自分を取り巻く環境や境遇といった外部にあるのではない。心の内にある。ものの考え方一つで、極楽にもなれば地獄にもなる」ということを、この言葉は表しています。

確かにその通りといっていいでしょう。

たとえば、勤めていた会社が倒産したとき、「失業した」「収入源が途絶えた」という側面だけ見れば、不安が増大するだけで、それはまさしく地獄です。

しかし、「より好条件の会社に再就職できるチャンスかもしれない」「才能を存分に発揮できる仕事に転じる機会にもなる」という側面を見れば希望が持て、この先の人生は極楽となります。

難しいプレゼンテーションを準備するときも同じです。

「休日返上で仕事をしなければ」という側面だけ見ると地獄ですが、「スキルアップを図ることができる」という側面を見れば、張り合いが持てるようになり、この先のライフワークは極楽となります。

同じ現象が起きても、考え方次第で明るくも暗くもなるのです。

楽しくもつまらなくもなります。

ハッピーにもアンハッピーにもなっていきます。

前向きに生きることで、心をプラスにしたいならば、極楽となるほうを選択したいものです。

ものごとを明るく考える癖をつけることが大切です。

小さなことでクヨクヨしない

大事を思い立つ者が
小事にかかわることなかれ

――江戸中期の劇作家　近松門《もん》左《ざ》衛《え》門《もん》

「大きなことを成し遂げようとするなら、小さなことを気にしていてはいけない。できることもできなくなってしまう。小さなことでクヨクヨするな」ということを、この言葉は表しています。

同じことを、アメリカの思想家ノーマン・ピールは「アップルパイづくり」にたとえて、実にうまく説明しています。

「アップルパイを上手に作る人は、甘さの調整と焼き具合だけに注意を払おうとする。上手に作れない人は、リンゴの皮に大きな傷があったら、『このリンゴはかなり傷んでいるかもしれない』といったように、その瞬間から気が動転してしまう。そして、そのことだけに意識が向いてしまうため、肝腎《かんじん》の甘さの調整も、焼き具合もなおざりにしてしまう。だから、美味しいアップルパイを作ることができなくなる」

美味しいアップルパイを作る際、リンゴの皮に大きな傷があろうとなかろうと、どうでもいいことです。気を取られてしまい、パイづくりに失敗してしまうなんて、バカらしいとしか言いようがありません。

だったら、私たちも「面接でうまくしゃべれなかった」「プレゼンテーションのできがいまひとつの感じがする」というときは、「しょせん、アップルパイのリンゴの皮の傷のようなもの。大したことはない」と言い聞かせてみるといいと思うのです。

自分にとって取るに足らない小さなことは、相手にとっても取るに足らない小さなことです。自分が気にしなければ、相手も気にしたりしません。このことを自覚するだけでも、グンと前向きに生きられるようになります。

悩みには「胸一杯分」という限度がある

一文《いちもん》で悩む人間には
一文分の悩みしかやってこない

――江戸中期の蘭学者《らんがく》・医者・発明家　平賀源内《げんない》

実は平賀源内《げんない》とまったく同じ言葉を口にした人が、アメリカにもいました。石油王と呼ばれたロックフェラーがその人です。彼もまた「一ドルで悩む人間には一ドル分の悩みしかやってこない」という名言を残しています。

要するに、この二人は「悩みが生じても、**悩みはその人の身の丈に合った程度のも**

のにすぎない。だから、必ず乗り越えられる」と説いているのです。

たとえば、給料日前、数百円のお金しかなくて、夕飯の心配をしている人は、同僚からお金を借りたり、図々しく誰かにご馳走になるなどして、問題をクリアすると思います。一〇万円のお金がなくてパソコンが購入できない人は、倹約に努めて費用を捻出したり、親からお金を借りたりして切り抜けるでしょう。

ということは、「再就職先が見つからない」「営業成績が落ちた」といった大きな問題で頭を抱えていたとしても、それは身の丈に合った悩みなので、何とかなるものなのです。解決するのは時間の問題なのです。

神様は、その人が乗り越えられない試練を与えたりはしません。三メートルの壁しか乗り越えられない人には三メートル級の試練しか与えませんし、二メートルの壁しか乗り越えられない人には二メートル級の試練しか与えません。

それに、これがもっとも重要なことですが、その人が二メートルの壁しか乗り越えられないとしても、「再就職先が見つからない」「営業成績が落ちた」といった壁が、案外、一メートル級くらいだったりと、たいしたことがない場合が、人生にはしばしばあるのです。

時には口より耳をふさぐほうがためになる

人に言われたことをそのまま受け取ってはならない。
その言葉の真意・出所を
しっかりと押さえなくてはならない
——江戸中期の朱子学者　新井白石《はくせき》

この言葉は、「他人の評価は必ずしも的を射ているとは限らないので、惑わされて心をマイナスに傾けてはならない」ということを表しています。

たとえば、ある人が「トップセールスマンになる」と決意を固め、そう友達に話したとします。友達は「キミは無口だから無理だよ」と言ってきました。

そういうときは心理学でいう「ハロー効果が多分に働いている可能性がある」と考え、言葉を真《ま》に受けないようにするのです。

ハロー効果とは、その人に際立った特徴があると、よくも悪くも、他の面までそのイメージで評価してしまう心理作用のことです。

友達の言葉は、「無口→しゃべるのが苦手→セールストークも下手→だからトップセールスマンになるのは無理」というハロー効果が働いた結果にすぎないのです。

たとえ無口でも、セールストークが下手だという根拠はどこにもありません。

百歩譲ってセールストークが本当に下手だったとしても、問題はありません。

「トップセールスマンになる人は、セールストークはさほど上手くない」と言われているくらいなのです。その側面から見ても、友達の完全な思い違いなのです。

あなたも、周りの人がネガティブなことを言っても、惑わされてはなりません。他人の評価に振り回されないことです。そんなことで意気消沈し、自信を失ってしまうほどバカらしいことはありません。「ハロー効果か思い違いでそう言っているに過ぎない」と考え、自分の道を進めばいいのです。

人の評価に惑わされないことが大切です。

夢中になることがあると、心は清らかになる

精出せば凍る間もなし水車《みずくるま》

——江戸時代中期の俳人　松木珪琳《けいりん》

「寒い朝でも休みなく回る水車には氷が張らない。人も一生懸命仕事をしたり、何かに夢中になれば、マイナスのことを考えなくなる」ということを、見出しの言葉は表しています。

ある女性が、アパレルメーカーの工場で派遣社員として長年働いてきましたが、不

況の影響で、派遣契約を打ち切られてしまいました。相前後して、結婚を前提につき合っていた恋人にも別れを告げられ、ショックで体までこわし、入院生活を余儀なくされてしまったのです。

「私にはいいことなんか一つもない」「生きていても、何の希望もない」とマイナスのことを考え、悲嘆に暮れていましたが、友人の勧めで介護の仕事を始めるようになって、状況が一変しました。

お年寄りから「いつも、ありがとう」「あなたのおかげで助かるわ」と、幾度となく言われているうちに、介護にやりがいを感じるようになり、だんだんと前向きになれたのです。気がつけば、かつてのようにマイナスのことを考えることもなくなり、今では元気いっぱいに、毎日楽しく働いているといいます。

この話にもあるように、人間、**夢中になれる何かがあると、マイナスのことを考えなくなる**ものなのです。ですから、「ついついマイナスのことを考えてしまう」という人は、この女性のように、やりがいのある仕事に就いたり、時間が経つのを忘れるほど夢中になれる何かに没頭するといいかもしれません。

夢中になれるものを探すと、人生が変わります。

自分の仕事は人々に感動を与えている

一隅《いちぐう》を照らす、
これすなわち国の宝なり

——平安時代の僧・天台宗の開祖　最澄

一隅《いちぐう》を照らすとは、「社会の片隅にいながら、社会に役立つ仕事をする」という意味です。わかりやすく言うと、「社会から注目されるような仕事をしていなくても、やるべき仕事に熱心に打ち込んでいる人は、国にとって欠かすことのできない大切な財産である」ということを表しています。

あるとき、お釈迦様が弟子たちと田舎道を歩いていると、一人の舟漕《こ》ぎと出くわしました。お釈迦様はその舟漕ぎに深々と一礼し、合掌《がっしょう》しました。次に、一人の木こりと出くわしました。ここでもお釈迦様は木こりに深々と一礼し、合掌しました。

「偉くもないあの人たちに、なぜ？」と不思議に思った弟子が理由を尋ねると、お釈迦様は次のように答えたのです。

「あの舟漕ぎのおかげで、私たちは安心して川を渡ることができる。あの木こりが木を切ってくれるおかげで、私たちは家に住むことができる。私たちがこうして生活できるのは、あの人たちが陰《かげ》日向《ひなた》で支えてくれているからなのだよ」

どんな仕事でも例外ではありません。

地味であっても、目立たなくても、単調でも、私たちが毎日行っている仕事は、世の中のため、人のために大いに役立っているのです。自分では気づいていないだけで、大勢の人に喜びと感動を与えているのです。豊かで便利な生活が送れるように貢献しているのです。

そう思えば、今の自分の仕事に誇りが持て、前向きな気持ちになれますし、マイナスに傾いていた感情だって、プラスに移行していくことでしょう。

一生楽しむコツは「今」を楽しむことだ

楽しみは、珍しき書、人に借り、
始め一《いち》ひらひろげたる時

——江戸後期の歌人　橘《たちばな》曙《あけ》覧《み》

この歌は「人生の楽しみの一つは、前々から読みたかった貴重な本を他人から借りて、第一ページ目を開いた瞬間にある」ということを表しています。

歌人の橘《たちばな》曙《あけ》覧《み》は、他にも次のような歌を残しています。

「楽しみは、心をおかぬ、友達と、笑い語りて、腹をよるとき」（人生の楽しみの一つは、心が許せる友達と、冗談などを言い合って、お腹が痛くなるほど、笑い転げたときにある)。「楽しみは、まれに魚煮て、児等皆《こら》が、うましうましといひて食ふ時」(人生の楽しみの一つは、久しぶりに食卓に煮魚が出て、子供たちが「うまい。うまい」と食べている光景を目の当たりにしたときにある)

要するに「楽しみの種は身近なところに存在するのであって、遠いどこかに存在するのではない」ということを、これらの歌は説いているのです。

それに比べると、現代人は楽しみの見つけ方が下手で、「楽しいことなんかない」「毎日がつまらない」と、こぼしている人が多い気がしてなりません。それは、経済至上主義によって「楽しみはお金で買うもの」という誤った概念があるからです。

橘曙覧のように、ちょっとしたことでも、**ありがたがり、うれしがる気持ちがあれば、日常生活の中から楽しみの種が見出せる**ようになるのです。

「図書館で、聴きたかった音楽CDを借りることができた。ありがたい」「天気がいいのでサイクリングをしたら気持ちがよかった」というように考えれば、気持ちが前向きになり、心がポジティブになります。すると、ポジティブなリズムがリズムを呼んで、ますますポジティブな現象を引き寄せられるのです。

やるべきことを先延ばしにしてはいけない

明日ありと思う心のあだ桜、
夜半《やはん》に嵐の吹かぬものかは

――鎌倉時代の僧・浄土真宗の開祖　親鸞《しんらん》

「桜の花を『明日じっくりと眺めよう』と思っていても、夜中に嵐が吹いて、散ってしまうかもしれない。そうなると、せっかくの楽しみも台なしになってしまう。人生も同じで、やるべきことを先延ばしにしてはならない。明日をあてにしないで、今やるべきことを大切にしなければならない」ということを、見出しの親鸞《しんらん》の言葉は表しています。

買い物がいい例です。新鮮で美味しそうなミカンが特売品で売っていても、「とりあえず店内を一周して、後で買おう」と考えると、その間に売り切れてしまう可能性があります。そうなったら、「買っておけばよかった」と後悔しても後の祭です。

そうなると、心だってマイナスに傾いてしまいます。

逆に、すぐにミカンを購入すれば、その日に食べることができます。安価で新鮮、美味しいとくれば、ハッピーな気分になれるため、心はプラスに移行します。

つまり、たった一つのことでも、先延ばしするかしないかで、心はマイナスにもプラスにも転じてしまうようになるのです。

やるべきことがあったら、すぐにやるクセをつけることです。「今日は疲れたからやめておこう」「明日から始めよう」と考えないことです。

「思い立ったが吉日」と言い聞かせ、即、行動に移すことです。

そのおかげで、ラッキーな体験ができたり、思いがけないチャンスをつかむことができれば、こんなにありがたいことはないですし、それによって気分がよくなることを体感すれば、いっそう前向きな気持ちになれるのです。

ピンチに遭遇しても、プラスのほうから見ればよい

ひょうたんも水に浮かべれば舟となる

――中国戦国時代の思想家　荘子《そうし》

ある金持ちが、長年仕えてきた使用人にひょうたんの種《たね》をプレゼントしました。使用人がそれを育てたところ、人間の体の何倍もあるほど大きく実り、水筒や容器としては使えなくなりました。「何の価値もない」と思って、使用人がひょうたんを斧《おの》で打ち割ったとき、偶然、居合わせた荘子が「それほどの大きさならば、湖で舟として

浮かべればよかったものを……」と言ったそうです。

ここから生まれたのが見出しの言葉で、「人間はともすれば固定概念に縛られがちだが、**新しい発想でフレキシブルに考えてみれば、あるものがまったく違ったものとして見ることができる**」という発想の転換の重要性を説いています。

大手の商社に勤務するある男性がそうでした。長年、本社で営業をしてきたのですが、あるとき大口の取引に失敗し、中国の上海支店に左遷になりました。この時点で、「出世コースからはずれてしまった。もう、おしまいだ」と悲嘆に暮れてもおかしくありません。しかし、男性は違いました。その商社で働きつづけるという概念に縛られることなく、「中国語をマスターするいい機会かもしれない。そうすれば、転職の大きな武器になる」と考えたのです。

そして、今では商社を退職し、「中国語に精通しているから」ということで、小さな貿易会社に取締役として迎えられ、大活躍しています。

ピンチに遭遇したからといって、マイナスの側面だけを見つめないことです。発想を転換すれば、新たな可能性だって、必ず見つけ出すことができます。そうすれば、心だってマイナスからプラスへと移行していくようになるのです。

1章まとめ

「クヨクヨした」感情を整理するコツ

- 何ごとにもプラスの点がないか探す
- ものごとを明るく考える癖をつける
- 「小さなことでクヨクヨするな」と自分に言い聞かせる
- 自分の悩みを過大評価しない
- 人の評価に惑わされない
- 夢中になれるものを探す
- 自分のやっている仕事に誇りを持つ
- 身近なことで楽しむことを心掛ける
- やろうと思ったら、すぐにとりかかる
- プラスの視点でピンチを眺めてみる

第2章

「怒り」の感情を整理するコツ

よくあることじゃないか。怒るのはやめよう

ささいなこと、日常的によくあること、
避けて通れないことに対して、
平静な心を失わないようにしなさい。
——18世紀のアメリカの政治家・科学者ベンジャミン・フランクリン
昭和の製紙業界で成功をおさめた、藤原《ふじわら》銀《ぎん》次《じ》郎《ろう》という実業家がいます。
この藤原銀次郎は、よく次のような意味の話をしていたそうです。
「いい大学を出た、頭のいい者に限って、不平不満を持つ。このような人たちは、『自分はエライ』と思っているから、ちょっとでも希望にそぐわないことがあると、

すぐに気持ちを乱す。自分を幼稚園しか出ていない人間だと思えばいい。そうすれば謙虚な心構えができ、不平不満を持たなくてすむ」というのです。

よく小さなことでイライラしている人がいます。

人の人生においては、避けて通れないことなのに、「○○が悪いから、こんな事態になったんだ」と、ガミガミ文句を言っている人もいます。このような人は、もしかしたら心のどこかで、「自分は優秀な学校を出た」とか、「自分はエライ」「エリートだ」という思いがあるのかもしれません。

「イライラ」や「トゲトゲ」したマイナスの感情を周りに発散している人に、誰も近づこうとしません。ましてや助言してくれる人もいないでしょう。なぜなら、**怒りにとらわれている人は聞く耳を持たないことを見抜いている**からです。

そう考えると、一時的に怒ることはしようがないにしても、その感情を持続させることには、なんの得もないことが分かるでしょう。

不満を持つ人は、エリート意識を捨て、「自分は平凡な人間だ」と、謙虚な気持ちになれば、心おだやかに、冷静に「賢い改善策」が見つかります。

怒りにかられて、平静な心を失わないようにすることです。

十数えよう。数えるうちに、怒りは消えるから

腹を立てている時は、
アルファベットを暗誦してみる。
その後で、ものを言い、行動する。

――紀元前1世紀の古代ギリシャの哲学者　アテノドロス

「短気は損気」という、ことわざがあります。

「ちょっとしたことで腹を立て、相手に怒りをぶつける行為は、結局は自分が損をするはめになるから、やめるほうがいい」ということを表しています。

腹が立っている状態でものを言うと、この「短気は損気」ということわざ通り、自

分が損をする結果になりがちです。思わず相手を傷つけたり、バカにしたことを言い、相手とケンカになってしまうからです。

また、腹が立っている状態で行動すると、物事に集中力を失い、大きな失敗をする原因になります。

もし腹が立った時は、心の中で、十数えてみます。「あいうえお」を言ってもいいと思います。そして、心を静めるのです。

静まった心で相手と話せば、いい話しあいができるでしょう。また、静まった心で行動すれば、いい結果が得られるでしょう。

人間は生き物ですから、時には、腹を立ててしまうこともあります。

大切なのは、腹が立ってきた時に、どう自分に対処するかです。

腹を立てている自分を客観的に眺めてみましょう。「いま自分は腹を立てている。怒りの度数は75ぐらいか。ここに燃料を注げば90までいくところだが、よし、40ぐらいまでに収まってから口を開こう」そんな風に客観的に自分を見ることができれば、怒りは消えていくでしょう。

腹が立った時の「心の静め方」を、自分なりに準備しておくことが大切です。

気にするな、なんでもない。まずは自分が安らかに、安らかに

心の安らぎを得ている者は、
他人に対しても、自分自身に対しても、
迷惑をかけることはない。

——紀元前4～3世紀の古代ギリシャの哲学者　エピクロス

英語のことわざに、「悪人に安らかな時はない」というものがあります。

逆の言い方をすれば、このことわざは「善人は安らぎに満ちている」という意味をも表しています。

善人になることを心がけながら生活していくと、心が安らぎ、いいことがたくさん

訪れるようになります。

まず、まわりの人たちとの関係がよくなります。心の安らぎを得ると、おだやかな、やさしい態度で相手に接することができるからです。そうすれば相手も、同じように、おだやかな、やさしい態度で、こちらに接してきてくれるでしょう。おだやかな環境の中で、お互いの信頼感も深まっていくのです。

心の安らぎを心がけることで、その場の感情に乱されることなく、物事を深く客観的に考えられるようにもなります。するど誤ることなく、正しい決断ができます。

その意味では、商売や事業を成功させるためにも、心の安らぎを保っておくことが大切になるでしょう。

何かの商売を営んでいる人が、いつもカリカリして血走った眼をしていたら、お客さんは怖くて近づかないでしょう。お客さんは値段だけを基準に店を選ぶわけではありません。安心して、快く買い物ができることが第一義です。これは、商売に限らず、仕事の取引においても一緒です。

また心の安らぎを心がけることで、健康面でも、元気に生きていくことができます。

泣きながらでも食べるんだ。好きな物を食べれば忘れられる

どんな衝撃を受けても、人はその日のうちか、翌日には、メシを食べる。メシを食べることが気休めとなる。
――19世紀のロシアの小説家　ツルゲーネフ

感情が体調面に大きく影響することはよく知られています。感情が乱れることで、食べたり寝たりといった生活のリズムが乱れ、それが体の不調となって現れるのです。

これを逆に考えて、**食べたり寝たりといった方面から、感情を整えていくことも効**

果があります。

ある人は、大きな衝撃を受けた時は、おいしいものを食べに行くと言います。すると、「たいていは忘れられる」と言います。

「メシも喉を通らないほどの、衝撃だ」と言う人がいますが、「食べない」からいけないのではないでしょうか。食べれば、気分が変わります。

「上司に叱られた」

「恋人にフラれた」

「友人とケンカした」

「大きな損をした」

そのような時には、クヨクヨ悩んでいても、しょうがありません。

おいしいものでも食べて、気分転換しましょう。

人間は生きているのですから、食べなければ元気が出てきません。

元気が出なければ、立ち直ることができません。

好きな物を食べて、よく眠って、明日は何もなかったような顔をして、元気に生きていけば、どんどん人生が好転していくでしょう。

争うな、学ぶんだ。争わず、敵から学び取るんだ

賢者は敵から
多くのことを学ぶ。

――紀元前3世紀の古代ギリシャの喜劇作家　アリストファネス

仕事で伸びる人のひとつの特徴に、「ライバルから学ぶことがうまい」という点があげられるのではないかと思います。

度量が狭い人には、これができません。

度量が狭い人は、「ライバルが、ああいう方法で仕事をしているなら、私は絶対に

違う方法でやる。真似したと思われるのは悔しいから」と考えます。

そしてライバルから何ひとつ学ぼうとはしません。

一方、**伸びる人は、もっと柔軟に対応します。**

ライバルのやり方に、いい点があると思えば、そこから学び、積極的に自分の仕事に取り入れていきます。

しかし、たんに真似するのではなく、自分なりに創意工夫を加えて、よりいいものに仕上げるのです。

この柔軟性のおかげで、このタイプの人は、伸びていくことができます。ライバルから学ぶことで、ライバル以上に、いい仕事ができる可能性もあるのです。

ある経営者が語ってくれました。

「あそこはライバルだからと壁を作ったら、何も始まらない。ライバルを競合ではなく同業と捉えています。同業者同士なら有意義な情報交換ができるではないですか。壁を作るよりも手をつなぐほうが得策なのです」

技術やニーズが複雑化した社会においては、自分が思いつく方法や、自社が考え付く方法など、たかが知れています。

敵は立場の違う友だ。怒らせず、大切につきあっていこう

我々の一番の弱点を知っているのは、
敵だ。

――紀元前5～4世紀の古代ギリシャの哲学者　アンティステネス

敵視する相手に、意地悪なことをしたり、悪口を言ったりするのは、愚かな人がすることです。賢い人は、敵に対して、決してそんなことはしません。

賢い人は、敵視する相手ほど大切にします。

なぜなら、賢い人は、**「敵ほど私の弱点、欠点、過去の失敗などを知り抜いている**

相手はいない」ということをよく知っているからです。もし、意地悪なことをして、敵を怒らせてしまったら、相手は自分の弱点、欠点、失敗を責め、世間にも言いふらすことになるでしょう。

そうなったら自分自身が困ることになるのです。賢い人は、敵を大切に扱います。

孔子の『論語』に「晏平仲《あんぺいちゅう》」という人物が登場します。

晏平仲は人間関係を大切にする人でした。彼は、敵味方とか、性格が合う、合わないなど関係なく、誰に対しても尊敬の気持ちを持ってつきあう人でした。

その結果、彼は、みんなから慕われ、また尊敬される人間になりました。

この晏平仲の生き方を、孔子は『論語』の中で高く評価しています。

敵に対しても、尊敬の気持ちでつきあっていけば、敵からの攻撃を受けて困る事態になることもないと思います。

情報が瞬時に地球上を飛び交う現代において、テロは別として、国同士の戦争は減少傾向を見せています。お互いに相手の軍備上の弱点を知り尽くしていることが、結果的に戦争の抑止力になっていると言われています。

敵と思う相手だからこそ、敬意を払って付き合うべきなのです。

ひと呼吸置こう。仲間割れして、何になるのか

バカ者の鐘は、すぐに鳴りだす。

——13世紀のフランスの詩人　ギョーム・ド・ロリス

中国に、こんな昔話があります。

ある国に、とても勇敢な軍人と、たいへん賢い軍師がいました。

ある時、軍師は地位が上がって、軍人よりも偉い立場になりました。それが気に入らないのは軍人です。

「軍師というのは、ただ作戦を立てるだけではないか。実際の戦争は軍人である私がするのだ。作戦がよかったから、戦争に勝てるわけではない。軍人が懸命になって敵と戦うからこそ、戦争に勝つのだ。なのに軍師のほうが、軍人である私よりも出世するなんて許せない」というのが、軍人の言い分です。

そこで軍人は軍師に意地悪をするようになりました。しかし軍師は、どんな意地悪をされても、決して怒らずに、軍人を無視し続けました。その理由を、軍師は説明しました。「この国は、あの人のような勇敢な軍人と、私のような賢い軍師の二人がいるからこそ、強い国になれたのだ。今、あの人と私が仲間割れをしてみなさい。国の力は弱まり、たちまち他国の侵略を受けるだろう」と。

組織全体のことを考えて、**つまらないことで怒らないのが、本当の意味での賢さ**なのでしょう。

どんな小さな組織でも、それが組織である限り、そこでの序列や権力争いに夢中になって、メンバーと反目する人が出てきます。

自分の働く目的は、何なのか自分に問うてみてください。お山の大将になることなのか、会社を通じて社会に貢献することなのか自ずと答えは出るでしょう。

約束は守ってもらうものじゃない。貸したら返ってこないと思え

金は貸すな。
もし貸すなら、
なくしたと思え。

――紀元前2世紀　旧約聖書『集会書』

イギリスの劇作家で詩人のシェークスピアは、「金を貸せば、友情を失う」と述べています。どんなに仲のいい相手でも、金の貸し借りが原因で、ケンカになってしまうケースが多いのです。

もしお金のトラブルに巻きこまれたくなかったら、初めから、借金を頼まれても貸

さないほうがいいいいと思います。そうすれば、返ってこないお金でヤキモキしたり、怒ったりすることもないと思います。

しかし人間関係のしがらみや、色々な事情から、お金を貸してしまう、という場合もあるかもしれません。その時は、**「約束通り返済されることはないだろう」と覚悟を決めておく**ほうがいいのかもしれません。

「貸した」のではなく、「与えた」、または「なくした」と考えるのも、一つの方法です。もし約束通り返ってきたら、儲けもの、くらいの気持ちでいるのです。そうすれば、もしも約束通り返済されなかったとしても、腹を立てなくてすむと思います。

仕事における約束については、どうでしょうか。これは、納期にしても予算にしても仕上がりにしても、約束通り履行してもらわなければなりません。しかし、そうならなかった場合、友達とのお金の貸し借りと違って、「まあ、仕方がない」で済ませるわけにはいきません。

そうならないためには、あらかじめ、約束が果たされないときのリスクヘッジを考えておくべきでしょう。時間的な余裕を見ておくとか、オプションを用意しておけばあわてなくて済むでしょう。

笑顔が見たいなあ。お金は二の次だ

お金への期待を、
やる気のバネにする人間にはなるな。

——18〜19世紀のドイツの音楽家　ベートーヴェン

交響楽の『運命』や『第九』の作曲家として知られているベートーヴェンは、二十代で耳が聞こえなくなるという、音楽家にとっては致命的な病気になりながらも、傑作と呼ばれる音楽を次々に生み出しました。

その強いモチベーションは、どこから生まれてきたかを知るヒントとなるのが、ベートーヴェンが残した、「お金への期待を、やる気のバネにするな」という言葉だと思います。

お金をやる気の原動力にしている人は、やがて、お金のことしか考えられなくなります。お金が儲からないとわかると、その時点で、やる気を失ってしまいます。

ですから、**お金を原動力にしている人は、努力が長続きしません。**

「みんなの喜ぶ顔が見たいから、一生懸命に励んでいます」

「世の中を、もっとよくしたい。それが、努力の原動力となる」

そのような考えをすることで、やる気が長続きするようになります。また、その考え方で、自分の人間性が成長し、人々から尊敬されるようになります。

ベートーヴェンとは、まさにそのような人だったと思います。

自分が何のために商売をしているのか、仕事をしているのか、原点に戻って考えてみることが大切です。

どんな企業にも「企業理念」があるはずです。ほとんどの企業は、業務を通じて社会貢献を実現することを願っているはずです。その企業が社会から支持されれば売上げが上がりますし、逆の場合は経営が危うくなるだけの話です。

追い詰めすぎては、いけない。叱ったら、ほめる

逃げていく敵には、
橋をかけてやれ。

——紀元前6〜5世紀の古代ギリシャの軍人　アリステイデス

一代で自動車メーカーのホンダを世界的な企業にまで押しあげた、本田宗一郎《ほんだそういちろう》という実業家は、部下を叱った後には必ず「ほめてあげる」ことを忘れなかったそうです。

叱られた部下は、当然、自信を失います。気持ちも落ちこみます。

自分を叱った上司への、反抗心も芽生えるでしょう。

それは「仕事への、やる気を失う」ことにつながるのを、本田宗一郎は心配したのだと思います。ですから「叱った後は、ほめる」ことを忘れなかったのです。

ほめられれば、部下は、「叱られたところは反省し、ほめられたところは、もっとがんばっていこう」と、気持ちを入れ替えることができるでしょう。

人が誰かを叱る時に、多くの人がよくやってしまう過ちは、「相手を徹底的に追い詰めてしまうこと」ではないかと思います。

相手が立ち直ることができなくなるくらい、叱ってしまうのです。そうなると、相手は、二度と立ち直ることができなくなるくらい深く落ちこみ、やる気をなくしてしまうでしょう。本田宗一郎のように、**「叱ったら、ほめる」ことを心がける**のがいいと思います。それが相手の「能力を伸ばす」叱り方になると思います。

怒ることも同様に考えられます。相手に対して怒ることで、一時的には気がまぎれるでしょうが、怒られた人間の心理についても思いを馳せるべきなのです。

あなたの怒りをぶちまけられた相手は、自分に非があっても、あなたのことを恨み、怒りに火を灯すでしょう。いつかはあなたの足をすくうかもしれません。

2章まとめ

「怒り」の感情を整理するコツ

- 不平不満の元に、エリート意識がないか
- 腹が立った時の「心の静め方」を用意しておく
- 成功者は怒りの感情をコントロールできる
- 腹いっぱいおいしいものを食べると感情が収まる
- ライバルと争うよりも、ライバルから学ぶ
- 敵と思う相手だからこそ、敬意を払う
- お山の大将になることなかれ
- 約束が果たされない時のオプションを考えておく
- 儲からないと腹を立てる前に、役に立っているか自問する
- 相手を追い詰めすぎない。叱ったら、ほめる

第3章

「恐れ」の感情を整理するコツ

恐れるものは現れる。希望したものも現れる

境遇を怖れるな。ただ自己を怖れよ

——明治時代の思想家　杉浦重剛《じゅうごう》

ここでいう「境遇」とは、悪条件やハンディのことです。「自己」とは自分自身の心のことをいいます。端的に言ってしまえば、「成功を望むなら、悪条件やハンディを怖れてはならない。怖いのはそういったものに打ち負かされてしまう自分自身のマイナスの心にある」ということを説き明かしています。

悪条件やハンディは恐れるに足りません。学歴がなく成功した人、人脈も資金もゼロからスタートして巨万の富を築いた人などが、世の中にはたくさんいるからです。

問題は、悪条件やハンディに心が押しつぶされ、心がマイナスに傾いてしまったときです。そうなると人は次のように考えてしまいがちです。「いい大学を出ていないから、出世など望めない」「人脈がないから、応援してくれる人が誰もいない。これでは独立、開業しても失敗するに決まっている」と。

すると、**「恐れるものは現れる」という心の法則**によって、本当に出世が望めない人生、独立しても失敗する人生になってしまう可能性があるのです。

これを阻止するには、もう一つの**「希望したことは現れる」という心の法則**に目覚めることです。

「この仕事は天職だから、必ず出世できる」「これから人脈がどんどん増えていき、応援してくれる人ができ、開業後はうまくいく」といったポジティブ・メッセージを自分の心に絶えずインプットしていく必要があります。

「できない」「無理だ」「失敗するだろう」というネガティブ・メッセージは、「できる」「可能だ」「うまくいく」というポジティブ・メッセージに変えることです。

ちょっとくらいの失敗では命までは取られない

粗相《そそう》があったからといって、
別に命まで取られるわけではない

――江戸初期の臨済宗の僧　沢庵《たくあん》

徳川家光が三代将軍に就いて間もないころ、会計を任されていた幕臣の一人が、帳簿に記載もれがあるのを重臣から指摘され、任を解かれたことがありました。「それがしの人生もこれでおしまいだ」と嘆き悲しむその幕臣に、沢庵《たくあん》が言ったとされるのが見出しの言葉です。わかりやすくいってしまうと「別に死ぬわけではないのだから、ちょっとくらいの失敗を犯したからといって、事態を深刻に考えてはならない」ということを表しています。

現代でも、たとえば取引先からクレームが来ただけで、次のように考える人が少なくありません。「もう、あそことは取引できない。責任を問われて、会社からマイナスの査定を下されたら？　それが原因でリストラに遭ったら？　ああどうしよう」と。

しかし、それだと不安が増大するだけで、気持ちは沈んでしまい、心がマイナスに傾いてしまいます。しかも、「恐れるものは現れる」という心の法則によって、本当に恐れていた通りの現象が起きてしまう可能性があります。

そのときは、気持ちを切り替えるのが一番です。沢庵の言葉にもあるように**「別に命まで取られるわけではないから……」と自分に言い聞かせる**といいと思うのです。

取引先からクレームが来たくらいでは、死活問題ではありません。「それが原因で会社をクビになったとしても、日本にいる限り、死ぬ心配はない」と考えるようにするのです。そうすれば、事態を深刻に考えるのがバカらしく思えてくるでしょう。

何事も深刻に考えないすぎないことです。

失敗は尊い経験になる

失敗は尊い人生塾のようなもの。
塾で学ぶからこそ、
その人間は磨かれるようになる。

――江戸初期の儒学者　貝原益軒《えきけん》

「何かをやろうとするとき、つきものなのが失敗だ。しかし、失敗はごくごく当たり前の現象で、必ず起こるものだと思ったほうがいい。問題は、失敗から何を学ぶか、人生にどう生かしていくかにある。それさえかなえば、失敗は尊い人生塾のような存在になる」ということを、この言葉は表しています。

言い換えると、失敗は自己成長に欠かせないものだと益軒《えきけん》は指摘しているのです。子供のころの勉強一つとっても、失敗を犯すことで正しいことを学びとり、学習能力を高めていくものです。

たとえば「精進」にふりがなをふる国語の問題に「せいしん」と記して、バツがついてきたとします。減点されるという面では、明らかに失敗です。しかし、「そうか、これは『しょうじん』と読むんだ」と理解できれば、生涯、正しく読めることになります。

人生にも同じことがいえます。仕事でミスをした、人とうまく話せなかった、というときは、いたずらに嘆き悲しまないようにしましょう。**同じ過ち、あるいは似たような過ちを繰り返さないようにすればいいだけ**のことなのです。

正しいことを学んだと思えばいいのです。

嘆き悲しむだけでは、心はどんどんマイナスの方向に傾いてしまいますが、正しいことを学んだと思えば、プラスの方向に向かうようになります。このことを肝《きも》に銘じれば、失敗は恐れるに足らなくなります。

失敗は成功の母です。失敗を成長につなげることが大切です。

困難に見舞われたら、逃げずに立ち向かう

災難に遭う時節には災難に遭うがよく候《そうろう》
これ災難を逃れる唯一の妙法にて候

——江戸後期・曹洞《そうとう》宗の僧　良寛《りょうかん》

この言葉は、「困難に見舞われても、必要以上に恐れてはならない。逃げようとしないで、逆に困難の中に飛び込んでしまえば、案外、大したことがなかったりするものである」ということを表しています。

ひとつの例が、欠陥商品を納入して、得意先からクレームが来たときです。

「何を言われるかわからない。取引を打ち切られたらどうしよう」などと考え、謝罪に出向くのをためらっていたら、得意先との関係は悪化するばかりです。下手をすれば、「誠意のかけらもない」と、本当に取引停止にされてしまうかもしれません。

しかし、すぐさま謝罪におもむけば、思ったほど大事には至らず、「これからは気をつけてください」といった程度の軽い注意を受けるだけですむかもしれません。むしろ、「すぐに謝りに来るとは誠意がある」と評価され、双方の信頼の絆《きずな》がいっそう深まる可能性だってあります。

苦手な営業の仕事をやらなければならなくなったときも同じです。「口下手なのでイヤだ」の一点張りでは、会社での居場所がなくなるだけです。実際には、口下手でも、謙虚で誠実な対応で、好成績がおさめられることが多いのです。

何事も「案ずるより産むがやすし」なのです。災難に見舞われたからといって、不安な気持ちで長い時間過ごすよりも、災難の中に思い切って飛び込んだほうが、問題だってスンナリと解決するし、心も楽になる可能性が高いのです。

その意味で、災難から逃げないことが災難から逃れるための「唯一の妙法」だといえるのです。

困難に見舞われても、自然の流れに身を任す

水の流れのように生きれば、
激流の水が大河の水へと転じるように、
苦難もやがては消滅していく

――仏教の開祖　ブッダ（釈迦《しゃか》）

「川は、渓谷《けいこく》では渦を巻き、岩を飲み込み、岩にぶつかって激しく水しぶきを上げながら流れる。渓谷を過ぎると流れはゆるやかになり、穏やかに大河へと注がれるようになる。人生も同じだ。困難や逆境という岩はつきもので、避けて通ることはできない。だったら、逆らったりせず、川の流れのように、自然の流れに身を任せながら生

きたほうがいい。そうすれば、いつか岩もなくなり、大河のように穏やかな人生が送れるようになる」ということを、この言葉は表しています。

「困難や逆境がつきもので、避けて通ることができないなんて」と抵抗を感じる人もいるかもしれませんが、よく考えると、私たちはみんなこの言葉通りの人生を歩んでいるといえるのです。

子供のころの遊びがいい例です。転んでひざをすりむいたり、ボールが体に当たって、痛い思いをしたことが、一度ならずあったはずです。しかし、怪我や痛みなどあまり気にすることなく、むしろ「遊び」という自然の流れに身を任せていたのではないでしょうか。

何かに向けて**行動を起こすときは、自然に任せてしまえばいい**のです。行動を起こせば、大なり小なり障害はついてまわりますが、いちいち気にすることなく、自然の流れに身を任せてしまうのです。

そうすれば、いつしか逆境が順境へと転じるようになります。行動を起こした分だけの成果が必ず得られるようになるのです。

困難な時は流れに身を任せると人生がうまくいきます。

やるべきことをやったら、後は天に任せよう

成すべきは人にあり、
成るべきは天にあり

——江戸中期の蘭学医　杉田玄白《げんぱく》

人間、努力を積み重ねるのは大切なことです。しかし、結果は人知の及ばない天が決めます。ですから、**精いっぱいの努力をしたら、後は天に任せてしまう**のです。やるべきことをまっとうにやったなら、天は悪いようには取り計らわないということを、この言葉は表しています。

好例として、アラブに古くから伝わる民話を紹介しましょう。

昔、王様の命令で、三人の王子が海賊退治に乗り出しました。海賊は滅亡し、三人の王子は、王様から領土を分け与えられることになりました。

しかし、分配は不公平なところがありました。たいして活躍しなかった長男と二男には緑豊かな森林におおわれた領土を分け与えたのに対し、一番活躍した三男には木一本生えていない不毛の山しか与えなかったのです。

けれども三男は「海賊退治を行い、この国を平和にしたのだから、天は悪いようには取り計らわないだろう」と考え、文句一つこぼすことはありませんでした。

案の定、一番得をしたのは三男でした。間もなくして、その山からたくさんの金銀が発見され、巨万の富を得ることができたからです。

この話にもあるように、やるべきことを一生懸命やったら、「後は天が決めること。天がよき方向に取り計ってくれる」と考え、運命を神様に任せてしまうくらいの気持ちでいることが重要になってくるのです。

そうすれば、神様は、その人が考えもつかない方法で、思わぬ幸運を授けてくれることでしょう。人事を尽くしたら、最後は天に任せるのです。

友人を励ますように自分自身を励ませ

大行《たいこう》は細瑾《さいきん》を顧みず

——中国前漢時代の歴史家　司馬遷《しばせん》

ここでいう大行《たいこう》とは、前を向いて積極的に生きる人という意味です。細瑾《さいきん》とは、天井から雨漏《も》りがしたり、ボヤで床を少し焦がしたというような、ちょっとした被害のことをいいます。

天井を修理すれば雨漏りは防げますし、火の扱いに注意を払えば、この先床を焦がすことはありません。いずれも小さなことです。

転じて、見出しの言葉は「前を向いて**積極的に生きる人は、細かな失敗などまったく気にしない**」ということを表しています。

ところが、世の中を見渡すと、細瑾、すなわち些細な失敗で心をへこませている人が多い気がしてなりません。

「納期が一日遅れてしまった。あの取引先とは、もう関係が保てない」「計算ミスで上司から叱られた。マイナス査定をされるのは時間の問題だ」といったように。

しかし、そうした些細な失敗を犯したのが自分ではなく、友達や同僚だとしたらどうでしょう。「全然、たいしたことないよ」「誰だってそういうことはあるよ」「そんなこと、まったく気にする必要はないよ」と笑いながら励ますはずです。

それは、とりもなおさず「取るに足らない小さなこと」であることを認識しているからです。

だったら、些細な失敗で、心をへこませたときは、その状況を第三者的に眺めてみてはどうでしょう。これを心理学の専門用語で「第三者的想像」というのですが、これを行えば、失敗がかすり傷程度にしか思えなくなるでしょう。

行動力が勝負を決める

なすべきことを知りながら、
それを行わない者は
知らないで行わない者よりも劣る
――江戸初期の漢学者・儒学者　藤原惺窩《せいか》

こうすれば願望達成のチャンスがつかめるかもしれないとわかっているにもかかわらず行動を起こさない人は、成功できません。そのことをこの言葉は表しています。

例として、Aさんと Bさんという二人のイラストレーターの話を紹介しましょう。

数年前まで、二人は共に駆け出しでしたが、今やその立場は大きくかけ離れました。

Aさんが売れっ子として雑誌のイラストを数多く手がけるようになったのに対し、Bさんは「イラストでは食べていけない」と故郷に帰ってしまったのです。

本当はBさんのほうがイラストがうまかったのです。才能もありました。それなのになぜでしょうか。違いは言うまでもなく「行動力の有無」にありました。

Aさんは、「メジャーデビューを果たすには出版社に認めてもらう必要がある。だから、出版社にどんどん売り込まないといけない」と考え、出版社を駆けずり回りました。それに対し、Bさんは、「どこの出版社も不況で厳しいというし、自分のような駆け出しなんか相手にしてくれないに決まっている。動き回るだけムダかもしれない」という考えでいたのです。

この話にもあるように、願望を掲げても、そしてそれをかなえるための素晴らしい手立てがあっても、**行動を起こさなければ、一切の成果は期待できない**のです。

願望達成のチャンスは、待っていれば向こうからやってきてくれるほど、都合のいいものではありません。自ら行動することによって、初めてつかむことができるようになります。このことを忘れないようにしましょう。

行動を起こす者だけがチャンスを手に入れるのです。

願望を得るには犠牲を払うことだ

沐《もく》する者は髪を棄《す》つるあり、
除する者は血肉を傷《いため》る

——中国戦国時代の思想家　韓非《かんぴ》

沐《もく》するとは「入浴する」、除《じょ》するとは「手術を受ける」という意味です。

わかりやすく説明すると、「入浴して髪の毛を洗うときは、ある程度髪の毛が落ちるのを覚悟しなければならない。手術を受けるときは、血を流すのを覚悟しなければならない。それを避けていては、髪の毛を洗うことも、手術を受けることもままならない」ということを出すことで、「願望を達成するためには代償がつきものである」ということを表しています。

資格試験に合格するには、遊ぶ時間を削って勉強に当てなければなりません。家を建てるには、旅行や買い物を控えて、建築費用を捻出しなければなりません。

このように、**願望をかなえるには、自分が楽しみにしているものをある程度捨て去ることも大切**になってくるのです。

「それでは心がマイナスに傾いてしまう」という人がいるかもしれません。

そういう人は、心の中で「何かを捨て去るといっても、願望成就のあかつきにはいくらでも取り戻すことができる」と叫ぶといいでしょう。

そうです。資格試験に合格したら、またいくらでも遊べるのです。家を建て終わったら、また旅行や買い物ができるのです。辛抱《しんぼう》するのはそれまでの間だ、と考えるようにするのです。

そうすれば、元気・やる気が出てくるし、願望実現に向けての努力が苦にはならなくなります。心のレベルだって、マイナスの地点にとどまることはありません。むしろ、プラスの方向へと移行するようになるのです。

人生に無理は不要。焦った人から落ちていく

跨《また》ぐ者は行かず

——中国古代の思想家　老子《ろうし》

「大股で歩いている人間は疲れてしまうため、遠くまで行くことはできない」という意味です。遠くまで歩くのであれば、無理をしないで小股で歩くのが望ましい。そうすれば、目的地に到着することができるということです。

転じて、「願望を早くかなえようと躍起《やっき》になってはならない。あくまで**マイペース**

で無理のない範囲で、着実に一歩一歩前進していくことが大切である」ということを、老子《ろうし》の言葉は表しています。

たとえば、「資格を何が何でも一年以内にとる」と期限を設けることは確かに大切ですが、無理があると、自分にプレッシャーを与えてしまうことになります。

「帰宅後、毎晩、何時間も勉強しなければ」という義務感にかられ、精神的にも肉体的にもまいってしまい、勉強がはかどらなくなってしまう可能性があります。

そうなると、焦《あせ》る、頑張ろうとする、それでもダメ……という繰り返しで自信をなくし、心がマイナスに傾いて、ついには願望を放棄してしまうことになりかねません。

思い当たる人は、老子のこの見出しの言葉を指針に、無理をしないで、マイペースで、願望実現にトライすることが重要です。

一年以内に資格を、などと躍起にならず、二年以内、三年以内といったように達成期限に余裕を持たせてもよいでしょう。帰宅後、毎晩、何時間も勉強をと考えないで、一日一時間と決めたり、二時間勉強するのであれば、週に二日は完全に休む日を設けたりするといいのです。焦らず、マイペースで着実に進みましょう。

3章まとめ

「恐れ」の感情を整理するコツ

- 自己暗示を「できない」から「うまくいく」に変える
- 深刻に考えないすぎない
- 失敗は成功の母と考える
- 逃げずに立ち向かう。案ずるより産むがやすし
- 時には流れに身を任せる
- 人事を尽くしたら、最後は天に任せる
- 他人の視点で自分の失敗を眺めてみる
- 行動を起こす者だけがチャンスを手に入れる
- 何かを犠牲にした後には、いいことがあると思う
- 焦らない。マイペースで着実に進むこと

第4章

「不安」の感情を整理するコツ

不安なこともやってみれば、なんてことはない

幽霊の正体見たり枯尾花《かれおばな》

——江戸中期の文人　横井也有《やゆう》

横井也有《やゆう》が夜道を歩いていたら、川岸に不気味なものが立っていました。幽霊かと思ってこわごわ見ると、どうということのない枯れすすき（枯尾花）でした。こうして生まれたのがこの言葉で「**不安、心配、恐怖も、案外、大したことがなかったりするもの**である」ということを表しています。

言い換えると、不安や心配や恐怖といったものは、その人の取り越し苦労である場合が多いということです。

いい例が、転職した早々、これまでと畑違いの企画部に配属され、不慣れな仕事をやらなければならなくなったときです。「どうしよう。自分は経験もスキルもない」と思っても、実際は前年度の例を参照すれば簡単に企画できる仕事だったりします。

学生なら、アルバイトで、苦手な計算の仕事をやらなければならなくなったときも同じです。「小学生のころから計算が苦手だった。間違いばかりしたらどうしよう」と心配しても、実際はパソコン画面に数字を打ち込むだけの作業かもしれません。「経験したことがない」「これは苦手だ」と思っていても、実際にやってみれば、意外とたいしたことがなかったり、すんなりとこなせることが多いものなのです。

それに「自分には向いていない」「できない」と思っていても、それは思い違いで、実際にやってみたら、今まで気づかなかった才能や、天職のヒントが発見できる可能性だってあります。だとしたら、逃げようとしないで、気軽な気持ちでトライしたほうがいいでしょう。

苦手だと思う前に、まずやってみることです。

悩みのない人間など、この世に一人も存在しない

宝あれば恐れあり
貧しければ嘆き切なり

――鎌倉初期の歌人・随筆家　鴨長明《かものちょうめい》

「お金があると火事や泥棒の心配があり、貧乏だと生活に困って悲しくなる。人にはみんな大なり小なり悩みがある。**悩みのない人間など、この世に存在しない**」ということを、この言葉は表しています。

そのことを物語るこんな話があります。

昔、何歳になっても結婚できない男がいました。悩みつづけた男はあるとき、神様に「結婚して幸せに暮らしている家庭を見てみたい」と願い出ました。しかし、家の主《あるじ》は夜になると、男を貧しいが幸せな家庭に連れて行きました。神様は次に、男を幸せで裕福な家庭に連れて行きました。しかし、家の主は夜になると「お金がない。大変だ」と頭を抱えていました。神様は次に、男を幸せで裕福で多産な鶏を飼う家庭に連れて行きました。しかし、家の主は夜になると「鶏《にわとり》が卵を産んでくれない」と頭を抱えていました。しかし、家の主は夜になると「周囲に高い木が多く、日当たりが悪い」と頭を抱えていました。

この瞬間、男はハッと気づきました。悩みのない人間など、どこの世界にもいないということに。そして、そこそこのお金があって、普通に卵を産む鶏を飼い、まず日当たりがよい家で暮らしている今の自分の境遇がありがたく思えてきたのです。

この話にもあるように、人生がうまくいっている人もそうでない人も、大なり小なり悩みはあるのです。大変なのは他の人も同じなのです。そう思えば、今の自分の境遇がまんざらではないように思えてくるでしょう。心だって、マイナスからプラスの方向に向かうようになります。

失敗は数回で「いつも」になる

数度の過ちで気落ちするは、
愚の骨頂

――江戸初期の天台宗の僧　天海《てんかい》

「何十回、何百回と挑戦してうまくいかないというなら、確かに落ち込むだろう。だが、数回挑戦してうまくいかないだけで落ち込むほどバカらしいことはない」ということを、この言葉は表しています。

世の中には、こんな言葉を口ぐせのように用いる人が少なくありません。「自分の意見を述べるたびに、いつも却下される」「頑張って営業しても、いつも契約がとれない」と。

しかし、本当に「いつも」なのでしょうか。決してそんなことはないと思うのです。せいぜい何十回に三〜四回くらいではないでしょうか。

物事が自分の思い通りに行かないとき、そうした言葉を口にすると、ダメ意識が強くなるためです。

心がマイナスに傾いてしまう可能性があるのです。

「何十回も自分の意見を述べたが、全部却下された」「何百件も営業したが、一件も契約がとれなかった」というなら、それはさすがに「いつも」かもしれません。

しかし、せいぜい三〜四回くらいなら、誰にでもあることにすぎません。ここは天海の言葉を指針に「こんなの『いつも』のうちに入らない」と自分に言い聞かせるといいと思うのです。

「いつも」を「たまに」という言葉に置き換えることです。「たまには、こういうときもある」と自分に言い聞かせるようにするのです。そうすれば、落ち込むこともなく、気持ちもだいぶ楽になるはずです。

ピアノを弾くには、まず指を訓練することだ

準備してなすべきことをつねに準備している人を、なすべき時になすべき仕事が害することはない

——仏教の開祖　ブッダ（釈迦《しゃか》）

「人生の成功に向けて、日頃から準備を怠らないように心がければ、いざというとき、容易にチャンスをものにすることができる」ということを、この言葉は表しています。

成功に向けての準備で一番重要視しなければならないのはスキルアップでしょう。

これを地で行ったのが初代の内閣総理大臣・伊藤博文です。

彼が俊輔《しゅんすけ》と呼ばれる長州藩士だったころ、同じ藩士たちと、これからの日本のありかたについてしばしば討論することがありました。ところが、ある日を境に、俊輔は日本語に精通しているアメリカ人立ち会いのもと、英語で討論を始めるようになりました。藩士の一人が、「日本人同士が会話するのに、なぜアメリカ人立ち会いのもと、英語で討論するのか」と尋ねると、俊輔は次のように答えたというのです。

「私はいずれこの国を背負って立つつもりでいる。ということは、外交の際、欧米諸国と対等に渡り合えるだけの語学力を身につけておかなければならない。だから、こうしてアメリカ人立ち会いのもと、英語で討論をする練習をして、発音を含め、おかしい箇所は指摘してもらうようにしているのだ」

その後の伊藤博文の活躍ぶりは歴史が物語る通りですが、こうした姿勢を私たちも大いに見習う必要があります。

建築家として活躍したければ、建築の勉強に励む、作家として活躍したければ、情報を集める。神様はそういう「スキルアップを図ろうとする努力家」に人生の成功のチャンスを提供してくれるものなのです。

過去と未来を考えている暇があったら今を考える

来世《らいせ》は待つべからず、
往世《おうせ》は追うべからず

――中国戦国時代の思想家　荘子《そうし》

「来世《らいせい》」とは未来を、「往世《おうせい》」とは過去をさし、「未来のことを思いわずらったり、過去のつらい思い出にひたる暇があったら、今、この瞬間を存分に楽しみなさい、大切にしなさい」ということを表しています。

「そんなこと言われなくてもわかっているよ」という人がいるかもしれません。しかし、私たちは往々にして、この言葉とは逆のことを行っているところがあります。

たとえば、自分の会社の売上がかんばしくないときがいい例です。

そういう日に友達と食事に行って、美味しい料理が運ばれてきても、いまひとつハッピーな気分になれないと思います。「あんなに商品を仕入れなければよかった」という過去や、「会社が立ち行かなくなったらどうしよう」という未来に意識が向いてしまうためです。不安や恐怖といったマイナスの感情が心を覆い、料理の味はわからなくなり、友達と一緒にいても楽しくなくなります。

そういうときは、次の言葉を心の中で唱え、**過去や未来に向かおうとする意識を「今、この瞬間」に集束させる**ことをお勧めします。

「私は今、美味しい料理を友達と一緒に味わうために、このお店にいる」

この言葉を発することで、過去や未来に意識が行きにくくなり、「今、この瞬間」に意識が向けやすくなります。料理があれば存分に味わうことができ、友達がいれば楽しく過ごせるようになります。すると、ハッピー・タイムの余韻が後々まで残るため、売上の件で生じたマイナスも相殺され、心がマイナスに傾く頻度も激減するようになるのです。

何か得意なものを持てば困難を乗り越えられる

一灯《いっとう》を下げて暗夜を行く、
暗夜を憂うることなかれ、
ただ一灯を頼め

——江戸後期の儒学者　佐藤一斎《いっさい》

ここでの一灯《いっとう》とは、「私にはこれがある」と思えるもののことをさします。わかりやすくいうと、「『私にはこれがある』という得意なものが何か一つでもあれば、困難に見舞われても、それを乗り越えていけるようになる」ということを表しています。

例として、アラブにこんな話があります。

昔、一〇人のお金持ちと、一人の貧しい漁師を乗せた船が難破し無人島に流れ着きました。彼らはその無人島で暮らすことを余儀なくされたのですが、数年経って、通りかかった船によって助け出された後は、貧しかった漁師が一〇人の金持ちよりも金持ちになりました。一〇人のお金持ちは、魚を捕ることができなかったため、漁師に次のように懇願したからです。

「このままでは餓死してしまう。どうか魚を捕まえてほしい。一匹ごとに高額の謝礼を払う。今は手元に現金がないが、無事に救出されて本国に戻ったら必ず払う」

漁師は「魚を捕まえる」という一点に長じていたため、大変な得をしたのです。

私たちも例外ではありません。「学歴がない」「派遣社員だ」「貧乏だ」といって、落ち込むことなんかありません。

「宅建士（宅地建物取引士）の資格を持っている」「中国語がペラペラだ」といったように、**何か一つでも得意なものがあれば、それが生かされるときが必ずくる**のです。

今からでも遅くないので、何か一つ特技を持ちましょう。

それによって、チャンスがめぐってくれば人生は必ず花開くようになるのです。

自分の強みを意識しましょう。

自分を変えるには気分を変えれば簡単

居《きょ》は気を移す

――中国古代の思想家　老子《ろうし》

ここでいう「居《きょ》」とは新しい土地や家のことをいいます。この言葉は「新しい土地や家に移れば気分がリフレッシュする」という観点から、気分転換の重要性を説いています。

これは、マイナスに傾いた心をプラスに転化していくうえで、ものすごく大切なことです。

人間、誰だって、長時間仕事をしていれば、緊張と疲れがましてきます。些細なことでイライラしたり、落ち込むようになり、心がどうしてもマイナスの方向に傾いてしまいます。

これを防ぐには、気分転換を図るのが一番です。

それには、老子が言うように居を変えることが大切ですが、居を変えるとは、何も引っ越しだけを意味するのではありません。

新鮮なショックや未知の感動が味わえる**非日常的な空間に移動して英気を養うことも、居を変えることにつながる**といえます。

たとえば都会の喧騒《けんそう》を離れ、田舎に足を延ばしてみる。童心に返って、遊園地やアミューズメントパークなどで思い切り遊んでみる。文化も風習も異なる海外へ旅行に出かける。

このように環境を変えていくと、ストレスホルモンの分泌量が低下し、その代わりに幸福感・充実感・快適感と関係のある快楽ホルモンがたくさん分泌されるようになります。こまめに気分転換を図りましょう。

いつも学んでいる者は決して衰えない

少にして学べば、即《すなわ》ち壮《そう》にして為すことあり
壮にして学べば、老いて衰えず
老いて学べば、死して朽ちず

――江戸後期の儒学者　佐藤一斎《いっさい》

この言葉は、次のような意味です。

「若いときに何かに励めば、壮年になったときにそれが役に立って意義のある仕事を成し遂げられる。壮年になってからも何かに励めば、老年になっても気力が衰えることはない。老年になってからも何かに励めば、頭ははっきり保てるし、朽ち果てたよ

うな死に方をしなくてすむ」

これを地で行った人物がいました。

その人が少年だったころ、エレキギターの練習ばかりしていました。理由を尋ねられ、こう答えました。「プロのロックギタリストになって活躍したいからです」と。

少年は二〇歳を過ぎてプロのロックギタリストになることに成功し、間もなく作曲の勉強を始めました。理由を尋ねられ、こう答えました。「多くのロックファンに感動を与える名曲をつくりたいからです」と。

数多くの名曲を作った彼は、五〇歳を過ぎてからクラシック音楽の勉強を始めました。理由を尋ねられ、こう答えました。「ジャンルを超えた曲を作ることで、世界中の人たちに感動を与えたいからです」と。

こう答えた人物こそ、「ロックギターの神様」エリック・クラプトンです。

スキルアップに終わりはありません。**いくつになっても課題を設け、勉学に励めば、新たな夢、新たな可能性が開けてくる**のです。そういう人はいつもイキイキとしていられ、心だってプラスのままに違いありません。

自分の中で課題を持ちましょう。

可能性を見つければ希望の光が射す

金がないから何もできないという人間は、
金があっても何もできない人間である

——江戸時代の俳人　小林一茶《いっさ》

江戸時代、ろくに仕事もしないでブラブラしている男がいました。男は「お金さえあれば、屋台のソバ屋でも始めるのに……」といつも言っていたので、ある商人がお金の提供を申し出たところ、男は「ソバの打ち方がわからない」と言ってきました。

そこで商人が「それならソバ打ちの達人を紹介するので修業しなさい」と言ったと

ころ、今度は「自分は不器用だから」と返事をしてきました。

それでも懲りずに「不器用でも修業をつづければ、立派なソバ打ち職人になれる」と励ましましたが、男は「自分は体が弱いから……」と言うだけなのです。

この一部始終を小林一茶《いっさ》が目撃したことから生まれたのが、この言葉です。「願望を掲げても、**できない理由ばかり探しているようでは、モチベーションだって高まらないし、いつまで経っても前進しない**」ということを示しています。

私たちも同じです。「留学して勉強したい」「資格をとりたい」と願っても、「お金がないから」「時間がないから」といったように「できない理由」ばかりあげていたら、ラチがあきません。お金がないならお金を捻出《ねんしゅつ》する方法を、時間がないなら時間を作り出す方法を考えるべきです。

「できない理由」ばかり口にしても、心はよどんだままで、マイナスの状態から抜け出せません。しかし、「できる理由」つまり可能性を見つけ出せば、人生に希望の光が射してくるようになります。やる気だって出てきます。

そうしてこそ、願望実現に向けてのモチベーションだって高まるようになり、心だってマイナスからプラスへと移行するようになるのです。

世の中に不要なものは何一つない。あなたも必ず誰かに必要とされている

この世に不要なものなど存在しない
落ち葉も例外ではない

――仏教の開祖　ブッダ（釈迦《しゃか》）

「落ち葉はいずれ腐ち果て、土に還っていく。すると、それは土の栄養分となる。そのおかげで草木が育ち、花をつけ、実を結ぶ。もし落ち葉がなければ、土は栄養分を蓄えることができず、草木も育たなくなる。そうなると、野菜も果実も実らなくなる。すると、人間もそれらを食べることができなくなり、飢えてしまう。だから、落

ち葉が不要ということは、けっしてない」とお釈迦《しゃか》様が弟子たちに説いたとされるのが、この言葉です。

落ち葉を引き合いに、見出しの言葉は「この世に**存在するもので、不要なものなど何一つない。人間ならば、なおさらのことだ。必ず誰かに必要とされている**」ということを表しています。

私たちは、この言葉を激動の時代を生き抜く大いなる指針にするべきではないでしょうか。

仕事なら、ある業界ではダメ人間でも、別の業界でその人を必要としているかもしれません。人間関係なら、ある人たちにうとまれても、別の人たちに熱烈に好かれるかもしれません。ですから、自分なんか価値のない人間だと考えて落ち込んだり、悲嘆に暮れることは、まったくありません。

「一人ひとりの顔が違うように、才能や性格にも違いがあるんだ。自分という人間は素晴らしい存在として生まれてきている」と考えましょう。

そのことに気づけば、心だってまたたく間にポジティブになり、希望に満ちた未来に向けて邁進《まいしん》できるようになるはずです。

4章まとめ

「不安」の感情を整理するコツ

- 苦手だと思う前に、やってみる
- 悩んでいるのは自分だけではない
- 自分の失敗を大きく捉えない
- 自分を助けてくれるスキルを早く身につける
- 今この瞬間を楽しむ
- 自分の強みを意識する
- こまめに気分転換を図る
- 自分の中で課題を持つ
- できない理由ではなく、できる理由を考える
- 自分が誰かに必要とされていると信じる

第5章

「後ろ向き」な感情を整理するコツ

初めは凡人であっても、修行を積めば偉人になれる

仏仏祖祖《ぶつぶつそそ》、皆もとは凡夫なり

――鎌倉時代の禅僧・日本曹洞宗《そうとう》の開祖　道元《どうげん》

この言葉は、「皆はじめは凡人であって、修行を積んで仏祖《ぶっそ》（仏法を体得した優れた僧）となった。初めから特別な人だったわけではない。したがって、正しく仏道を歩めば、誰でも悟りの境地に到達することができる」ということを表しています。

私は修行ではなく、現代生活の視点に立って、次のように解釈してみました。

「その道のエキスパートと呼ばれる人だって、初めのうちは素人だった。**素人が努力をして自己鍛練に努めたからこそエキスパートになれたのだ。**スタート地点はみんな同じである」

そのいい例が、セールスマンでしょう。駆け出しのセールスマンは、トップセールスマンの活躍を見聞きするたびに、「自分もああなりたいなあ」と願います。

しかし、そのトップセールスマンだって、駆け出しのころは、同じように先輩トップセールスマンの活躍ぶりを見ては「自分もああなりたいなあ」と願っていました。

ただ、トップセールスマンが偉かったのは、「なりたいなあ」で終わらせることなく、「そのためにはどうすればいいか」を考え、スキルアップを図るなどして、自己鍛練に努めたことです。

スポーツ選手でも、料理人でも、みんなそうです。すごい先輩を見ては「自分もああなりたいなあ」と願っていたのです。

もう、おわかりでしょう。スタートラインは誰だって同じなのです。大切なのは、その道のエキスパートになるために、どれだけ努力できるか、継続できるかにあります。才能は、その過程で開花するようになるのです。

「できない」とは、ただやらないだけ

何事も、
ならぬといふはなきものを、
ならぬといふはなさぬなりけり

――幕末の思想家　吉田松陰《しょういん》

「何事も、できないということはない。できないというのは、ただやらないだけである。言い訳に過ぎない」ということを、見出しの言葉は表しています。

吉田松陰《しょういん》はこの言葉を好んで使いました。彼が主宰した松下村塾《しょうかそんじゅく》の弟子たちにも、ことあるたびに口にしていました。

後に初代内閣総理大臣となった伊藤博文に対しても例外ではありませんでした。
その伊藤博文がまだ俊輔《しゅんすけ》と呼ばれ、入塾して間もないころ、松陰にこう言いました。「高杉（晋作《しんさく》）さんや久坂《くさか》（玄瑞《げんずい》）さんと違って、私は下級武士の出で、満足に教育を受けていません。だから、先生の講義についていけそうにもありません。今日で塾を辞めさせてもらおうかと思います」と。

すると、松陰はこう教えさとしたのです。「それは単なる言い訳に過ぎない。下級武士の出で、満足に教育を受けていないというなら、これから勉強すればいいだけの話だ。講義についていけないと言うなら、勉強してからにしなさい」

俊輔は大いに反省し、その後、寝る暇を惜しんで勉学に励んだといいます。

私たちも同じで、できないことがあったとしたら、それは単にやっていないだけのことです。つまり、言い訳に過ぎないのです。英会話にしても、楽器演奏にしても、やればいいだけのことで、**やりつづけていけば、そこそこできるようになる**のです。やらなければ、心はマイナスのままです。やれば、心はプラスに移行するようになります。このことを知っておくことが大切です。

「できない」という前にやってみましょう。

苦手を克服すれば、後になって楽になる

苦は楽の種、
楽は苦の種と知るべし

――水戸藩二代目藩主・歴史学者　徳川光圀《みつくに》

この言葉は一般に「苦しいことに耐えて努力をつづければ、やがて楽しみが訪れる。楽しみばかりに浸っていて努力をしないでいると、結局は苦しむことになる」ということを説き明かしているといわれています。

しかし光圀《みつくに》は「苦」という言葉を「苦手」という言葉に置き換え、家臣たちに次の

ように述べたとも伝えられています。

「苦手なことを克服しようと努力をすれば、後になって楽になる。逆に、苦手なことをないがしろにして、楽することばかり考えていると、後になって大きなしっぺ返しを食らうことになる」

いくら企画力や発想力に優れ、プレゼンテーション能力や交渉力に長けていたとしても、文章が下手で誤字脱字が多ければ、相手に「内容が把握しづらい」「基礎知識が欠けている」というマイナスの印象を与えてしまいます。そして、仕事に大きな支障をきたすことになります。

つまり、文章を書くのが苦手なばかりに、飛躍・発展のチャンスまで逃してしまう可能性があるのです。

文章に限らず、「苦手」「不得意」と思ったら、今からでも遅くはないので、克服するように努めることが重要になってきます。

苦手なことを放っておいて、後になって心をマイナスに傾けるか。苦手なことを克服することで心をプラスに導くか。

後者のほうが好ましいのは言うまでもありません。

楽ばかりしていると、災難にあったとき敗北する

災難は
楽をして生きようとする輩《やから》を好む
――平安末期・真言宗の僧　文覚《もんがく》

この言葉は「現状に満足して、安楽椅子《いす》に腰かけていると、災難がやってきたときに打ち勝てなくなる」ということを表しています。

その例として、南太平洋に古くから伝わる民話を紹介しましょう。

昔、ある平和な島にA、B二種類の鳥がいました。A鳥は翼が小さかったため、

毎日一生懸命、飛ぶ練習をしました。その甲斐あって翼がだんだんと大きくなり、とうとう速く飛べるようになりました。

ところが、B鳥は違いました。「この島には天敵がいないから、襲われる心配がない。だから飛ぶ必要がない」と考えたのです。そのため、次第に翼が退化してしまいました。

人間がこの島にやってきたとき、AとBは大きく明暗を分けました。

A鳥は、安住の地を求めて、すぐさま島から逃げ出すことができました。それに対し、B鳥はいとも簡単に人間の餌食《えじき》にされてしまったのです。

日頃からスキルアップに努めていれば、困難に見舞われたとき、打ち勝てるのです。しかし、現状に満足してスキルアップをないがしろにしていると、いつか大きなしっぺ返しを食らうことになるのです。この話は、それを如実に示しているといっていいでしょう。

不況や倒産に見舞われても、「自分にはこれがあるから大丈夫」といったスキルを磨いておけば、困難を克服できます。激動の時代にあっても、心がマイナスに傾くこともなく、勇気と自信をもって、未来に進むことができるようになります。

つらい出来事の後には、うれしい出来事がくる

禍《か》福《ふく》はあざなえる縄のごとし

——中国前漢時代の歴史家　司《し》馬《ば》遷《せん》

この言葉は、「幸と不幸は、よりあわせた縄のようなもので、不幸の後には幸福が来て、幸福の後には不幸がやってくる」ということを表しています。

例として、南アジアに古くから伝わる民話を紹介しましょう。

昔、三人の若者が川のほとりにそれぞれ立派な家を建てました。嫁が来てくれるだ

ろうと期待してのことです。ところが、大雨で川が氾濫《はんらん》し、三軒とも流されてしまったのです。若者の一人は「神を呪う」と怒り、もう一人は「お先真っ暗闇だ」と嘆きました。それに対し、三人目の若者だけは「不幸は過ぎ去った。後は幸福がやってくるのみ」とつぶやきました。

事実、その若者には幸福がやってきました。氾濫で溺れかけていた女性を助けたのがきっかけで親しくなり、結ばれることになったからです。しかも、彼女は貴族の娘だったため、若者は、何不自由のない生活が送れるようになったのです。

私たちだって同じです。司馬遷《しばせん》の言葉にもあるように、ポジティブに考えていれば、**つらい出来事の後には、うれしい出来事がやってくる**ものなのです。挫折や失敗の後には成功のチャンスがやってくるものなのです。

そう考えると、「会社が倒産して職を失った」「再就職先がなかなか見つからない」といったような不幸のどん底状態にあっても、マイナスに考えないで、プラスに考えるとよい結果となります。

逆に「やることなすことうまくいっている」という人は、幸が不幸に転じないように細心の注意を払うべきでしょう。成功しても決しておごり高ぶらないのが一番です。

自己成長に対する投資は惜しんではいけない

勉学で使う油は惜しむな

——江戸末期の医者・蘭学者　緒方洪庵《おがたこうあん》

緒方洪庵《おがたこうあん》は大阪（大坂）に蘭学《らんがく》の私塾・適塾《てきじゅく》を開き、天然痘《てんねんとう》の治療に貢献した日本の近代医学の祖です。

しかし、そんな洪庵も、飢饉《ききん》と不景気の影響で、適塾が経営難に陥ったことがありました。授業料が払えなくなり、退塾しようとする塾生が相次いだからです。

このとき、洪庵は意外な行動に出ました。「授業料が払えないのであれば、出世払いでいい」と宣言したのです。なおかつ塾が経営難であるにもかかわらず、わずかのお金を塾生たちに分け与え、それで油を買ってくるように命じたのです。「お金を惜しんで油を買わなければ、夜、行燈《あんどん》に灯がともらず、勉強することができなくなる。それでは自己成長もかなわない」と考えたのです。

ここから生まれたとされるのがこの言葉です。「自己成長に投資するお金は生き金となるので、出し惜しみをしてはならない」ということを表しています。

お金には心がありません。意思がありません。魂がありません。使う人の人格によって、価値が決まってしまいます。

「生き金」と「死に金」の区別をしっかりとつけ、道理に合わないことやくだらないことにお金を使わないようにすることです。

その代わり、「これは自己成長に欠かせない」「スキルアップに不可欠」と思えたら、一切の出し惜しみをしないことです。

そうすれば、悔いだって残りませんし、自己成長した際には投資したお金が何倍、何十倍にもなって戻ってくる可能性があります。自己成長のために投資しましょう。

くだらないことに時間を費やす暇をスキルアップに当てよう

時を得る者は栄え、
時を失う者は滅ぶ

——中国春秋戦国時代の思想家　列子《れっし》

この言葉は、ひと言でいえば、「時間は有意義に使わなくてはならない。くだらないことで費やす時間を、自己成長やスキルアップなどに当てるべきである」ということです。

自動車王と呼ばれたヘンリー・フォードは、その典型といえるでしょう。

フォードが新しいエンジンの開発に熱中していたとき、一時的に開発資金がショートして、友人にお金を借りたことがありました。その友人がフォードを酒場に誘いました。本当は時間がもったいなくて行きたくなかったのですが、お金を借りている以上、むげに断るわけにもいきません。そこで二時間ほど付き合ったのですが、酒場を出るとき、フォードはこう言ったというのです。

「私にとって二時間という時間はまことに尊いものだ。それをキミのために捧げた。だからその見返りとして、借金の利子を帳消しにしてほしい」

フォードはまさに「時」を大切にしたのです。

「退社後はパチンコ屋に直行している」「休日は一日中ダラダラしている」という人は、その**オフタイムの時間を三〇分でも一時間でもいいから、自己成長やスキルアップに当てる**ようにしてはどうでしょう。

それは資格を取るための勉強かもしれないし、語学の勉強かもしれません。仕事に役立つ専門知識を深めるための勉強かもしれません。自分の人格を磨く勉強かもしれません。「せっかくのリラックスが台なしになる」と思うかもしれませんが、その努力は、いつか必ず報われるようになるのです。

一日三回、行いを振り返れば反省点が見えてくる

われ日に三たび
わが身を省みる

――中国古代の思想家　孔子《こうし》

「人間は感情任せで考え、行動するところがある。そのため、自分では気がつかないところで、誤った行動をとることがある。これを防ぐには、一日三回、自分の行いを振り返ってみる必要がある。そうすれば、至らぬ点や反省すべき点が見えてくる。それを改善してこそ、真の人格者となる」ということを、この言葉は表しています。

孔子のこの教えは心理学でも着目されていて、「俯瞰《ふかん》のスキル」と呼ばれています。

俯瞰とは、鳥のように上空の高い所から広く見渡す視点や考え方をいいます。

そうすれば、いろいろな発見ができるでしょう。

要するに、**自分をより大きな観点から考察すれば、日頃の行動を見つめ直すことができ、何に振り回されていたかが、よくわかる**というのです。

俯瞰を行ってみると、たとえばお店を繁盛させ、儲けることだけに躍起になっている自分、部下とのコミュニケーションをないがしろにしていた自分が見えてくるかもしれません。

マーケットはたくさんあるのに、ある会社と契約することだけにこだわり、そのことで一喜一憂していた自分が見えてくるかもしれません。

それが我欲だったことも理解できます。くだらないことやつまらないことにエネルギーを費やしていたことも認識できるようになります。

人として正しい道を歩んでいたかどうかの確認もできます。

そして、それを反省、改善するように努めていけば、その人はますます向上していき、ついには「できた人」の仲間入りを果たすことができるようになるのです。

コツコツやり続ける人は、エキスパートになれる

医学の道を極めたければ、
雨のしずくのように生きなさい

――江戸末期の医者・蘭学者　緒方洪庵《おがたこうあん》

昔は雨樋《あまどい》のない家が多く、屋根から雨水が落ちる場所には平たい切り石が敷き並べられていました。切り石には大小の穴があちこちありました。雨のしずくが何十年もの間、落ちつづけてできたものです。

一滴のしずくといえども、同じ箇所に繰り返し落ちれば、硬い石でさえ穴があくの

です。

　まして人間は、毎日コツコツと努力を積み重ねていけば、その道のエキスパートとなり、常識をくつがえすほど大きなことができるようになります。

　いい例が英語の勉強です。一日一〇分でも三〇分でも、一年、二年、三年と勉強をつづけたら、日常生活に困らない会話力が身につくばかりか、ビジネス英会話にも精通するようになります。そのスキルを生かして外国企業と大きな取引をまとめられれば、その人は会社にとって必要不可欠の存在となります。つまり、出世の足がかりを得ることになるのです。

　ところが、私たちはこの小さな努力を、「仕事が多忙だから」「今はそれどころじゃない」などと理由づけをしては積極的にやろうとしません。

　しかし、それだと心がマイナスの方向に傾いていくだけで、何の益もありません。逆に、**最初はイヤでも毎日コツコツとやりつづけていけば、学ぶおもしろさが体感できます**し、創意工夫だってこらせるようになります。

　つまり、努力する人はエキスパートとして活躍の場を得ることができるようになり、心も否が応でもプラスに転化するようになるのです。継続こそ力なりです。

やれる時にやらないのを失敗という

時は得難くして、失いやすし

――中国前漢時代の歴史家　司馬遷《しばせん》

この言葉は、「成功のチャンスは滅多に訪れないし、去りやすい。ためらっていたら逃してしまうことになる」ということを表しています。

好例として、ある女性の話を紹介しましょう。

フリーのイラストレーターになって三年が経ち、目標はメジャーになることだった彼女に、願ってもないチャンスが舞い込んできたのは、ある年の夏のことでした。大手出版社の雑誌編集部から、大量のイラストの作成依頼がきたのです。期間はちょうど一週間でした。

彼女は少しの間、迷いました。というのも、その期間、休みをとって一人でハワイ旅行に行く計画を以前から立てていたからです。

「旅行に行ってしまったら、仕事を断らざるをえなくなる。でも、このチャンスを逃せば、次にいつチャンスがめぐってくるかわからない」と考えた彼女は旅行をキャンセルし、仕事に専念することにしました。彼女のイラストは好評を博し、それがきっかけとなってメジャー・デビューを果たすことに成功したのです。

成功のチャンスは、いつ、どんな形でやってくるか予想がつかないところがあるのです。その人の都合には合わせてくれないのです。

ですから「今がチャンスだ」と思ったら、多少のことは犠牲にして、それをつかまえることだけにエネルギーを集束させることが重要になってくるのです。それができるかどうかで、人生展開がガラリと変わってしまいます。心の向きも変わってしまうのです。このことをいつも気にとめておくといいと思います。

5章まとめ

「後ろ向き」な感情を整理するコツ

- 誰でも最初は初心者。努力した者が一流になれる
- 「できない」という前にやってみる
- 苦手なことを放置しないで、取り組む
- 現状に満足しないで、スキルアップに励む
- 不幸の後には幸福がくると信じて、次のチャンスを待つ
- 自己成長のために投資する
- 生活における時間の使い方を変えてみる
- 一日に何回かは、自分を俯瞰して眺めてみる
- 継続こそ力なり。コツコツ励む
- チャンスがきたら逃さない

第6章

「がんばりすぎる」感情を整理するコツ

リラックスすることで人は強くなる

うまくやろうとするあまり、
自分を追い込むと、
苦が生じる

——江戸初期の儒学者　林羅山《らざん》

この言葉は、「何でもかんでもうまくやろうとすると、自分を追い込み、緊張のあまりイライラやストレスが増大して、心が苦しむことになる」ということを表しています。

徳川家康が江戸に幕府を開いて間もないころ、江戸城で弓矢の大会が行われました。二人の侍《さむらい》が決勝に進みましたが、両者の師匠の指導法はまるで違っていました。一人の師匠は弟子に「合戦場だと思え。的から外れたら、自分の命がないという決死の覚悟で臨め」とアドバイスしました。それに対し、もう一人の師匠は「合戦場ではないのだから、的から外れても『まあ、いいか』くらいの気持ちで臨みなさい」とアドバイスしたのです。

意外なことに、後者の師匠の弟子が優勝を果たしました。前者の弟子はプレッシャーのあまり緊張してしまい、本来の力が発揮できなかったのです。

「うまくやろう」「完璧に仕上げよう」と考えすぎると、それがプレッシャーとなって、心を締めつけるようになります。緊張を余儀なくされ、イライラやストレスが増え、ミスを犯す頻度も高くなります。

「うまくいかなくても、まあいいか」という気持ちで、無理のない範囲で行ったほうが得策です。そのほうが、リラックスでき、緊張感が薄れます。

そうすれば、うまくいく確率が高くなると同時に、心がマイナスに傾く心配がなくなるのです。

「まあいいか」を口ぐせに、リラックスして取り組みましょう。

がんばりすぎると
うまくいかない

頑張るだけが能じゃない
何事もほどほどに

——幕末の蘭学者　岡見清熙《おかみきよひろ》

がんばってもうまくいかないときや、スランプに陥ったとき、たいていの人はものすごく気が休まらない状態がつづきます。それでもがんばろうとすると、張りつめていた緊張の糸がプツンと切れ、ドーンと落ち込んだりして、心が急速にマイナスに傾いてしまうことがあります。

見出しの言葉はそれを防止する意味で「必要以上にがんばらなくてもいい。**がんばり過ぎて心をマイナスに傾けてしまうと、人生全体が停滞してしまう**ようになる」という警告を発しているのです。

がんばっても成果が現れないと、たいていの人は焦り出します。しかし、焦れば焦るほど、物事は余計うまくいかなくなるものです。そういう傾向に思い当たる人は、この言葉を指針にするといいと思います。

「がんばり過ぎない」ことは「我欲封じ」にもつながります。

我欲とは、「私心」「私利私欲」「身勝手な欲望」のことです。仏教でも我欲を煩悩《ぼんのう》の一つとしてとらえ、心身を悩ませ、乱し、煩《わずら》わせる悪しき心の状態であるとも説いています。

我欲を封じるためにも、がんばり過ぎてヘトヘトになったらセーブして、いったんゆっくりと休むことです。仕事がうまくいかなくとも、スランプに陥ったとしてもです。そうすれば、それ以上、心がマイナスになることはありません。

「人生は長いし、この先、巻き返すチャンスはいくらでもやってくる」と考えを改めましょう。心がプラスの方向に切り替わるに違いありません。

我欲を持つと失敗する

九《く》分《ぶ》は足らず、
十《じゅう》分《ぶ》はこぼると知るべし

——水戸藩二代目藩主・歴史学者　徳川光圀

「器に水を注ぐとき、九分目では足りないと思い、十分目まで注ごうとすると水はこぼれてしまう。人間の欲も同じで、際限なく求めることは危険である」ということを、この言葉は表しています。

一例として、カレーライスのA店とB店の話を紹介しましょう。両方ともテレビで取り上げられるほどの繁盛店でしたが、オーナーの考えは対照的でした。

A店のオーナーは「美味しいカレーライスを提供することで、地元の人に喜んでもらえればそれでいい」と考えていました。それに対し、B店のオーナーは、こんな野望を抱いていたのです。「フランチャイズ化して、支店をどんどん出せば、お金もたくさん入ってくる」と。

この考えが仇《あだ》となりました。フランチャイズ化すると、本店で調理をしたカレーを各店舗に届けるシステムに切り替わるため、味が低下し、評判が一気に落ちてしまったのです。B店は次第にすたれ、今では借金の山を抱えているといいます。

この話はけっして特殊ではありません。願望がかなっても「これでは物足りない」と考え、我欲丸出しで、それ以上を求めようとすると、大きなリスクが派生し、今までの苦労が台なしになってしまう可能性があります。

ワンランク上の願望を目ざすのは結構なことですが、人間の**欲にはキリがないことを認識し、自分の分《ぶ》をわきまえる**ことです。必要以上を望まないように心がけましょう。そうすれば、幸運が不運に転じることもなくなりますし、心だっていつまでもプラスの状態がキープできるというものです。

柔軟性はどんな困難にも効く薬である

上善《じょうぜん》は水の如《ごと》し

——中国古代の思想家　老子《ろうし》

あるとき、老子《ろうし》の弟子が「人間が人間として生きていくうえで、もっとも理想的な生き方とはどういうものでしょうか」と老子に質問したことがありました。

このとき口にしたとされているのがこの言葉です。「水のように生きることが、人間にとって理想的な生き方である」ということを説いています。

水は、丸い器に入れると丸くなり、四角い器に入れると四角になります。どんな形の器にも逆らわず、実に柔軟性に富んでいます。

また、川の水がそうであるように、水は高いところから低いところに向かって流れます。その姿は低姿勢で、謙虚だといえるでしょう。

さらに、水はあらゆる生命に多大なる恩恵をもたらしてくれます。にもかかわらず、けっして報いを求めたりはしません。しかも、時には強い意志を象徴するかのように、固い岩をも打ち砕く力を秘めているのです。

人間も同じです。**柔軟性を養い、謙虚に振る舞い、大勢の人に恩恵をもたらす一方で、意志が強くなければいけない**と老子はいうのです。

環境や仕事の内容がちょっと変わっただけで、戸惑い、右往左往するとか、少しうまくいっただけで、横柄な態度をとったり、天狗《てんぐ》になったりしてはいけません。

見返りばかり求め、他人には何も与えようとしなかったり、意志が弱くてすぐに挫折してしまうのではダメです。

思い当たる人は、今からでも遅くはありませんので、これからは水の特性を見習い、少しでも「上善は水の如く」生きたいものです。柔軟性を養いましょう。

足るを知れば永遠の幸せを得る

鷦《しょう》鷯《りょう》深《しん》林《りん》に巣くうも
一枝に過ぎず

――中国戦国時代の思想家　荘子《そうし》

鷦鷯《しょうりょう》とは「ミソサザイ」という野鳥のことです。ミソサザイが深い林に巣を作るときは、たった一本の枝しか用いないというのです。

転じて、「人間もミソサザイを見習い、多くを望まないように生きることが好ましい。欲望には際限がないので、これで十分だという知足の精神を持つことが重要になる」ということを、この言葉は表しています。

興味深いのは、荘子はつづけて弟子たちにこう語っていることです。

「もし、人間が人間の心をもって鶍鷯に生まれ変わったらどうなるだろう。一本の枝では物足りないと不平不満をこぼし、何本もの枝を求めるであろう。そして、どうせなら良質の木の枝が欲しいと考え、手元にたくさんあるにもかかわらず、さらに枝を求めようとするであろう。一本得たら、もう一本、さらにもう一本と際限なく……」

こうした一連の荘子の言葉を、私たちも戒めとして受け止めましょう。

私たちは、電化製品一つとっても、手元にあるにもかかわらず、「最新機器が欲しい」と考え、それを求めようとします。そして、それを手にしても、「より高価なものを」と考えてしまいます。

これではお金だって散財してしまうし、神経だってすり減らしてしまいます。

思い当たる人は、**分をわきまえて、必要以上のものを望まない**ことです。

代わりに、ちょっとしたことでも、ありがたく、うれしく思うことです。「これで十分」という知足の心を養うことです。

欲望には際限がありません。知足の心で生きましょう。

最も幸せな人は「三割」に満足する人だ

家は洩《も》らぬ程《ほど》、
食事は飢えぬ程にて足る事なり

——安土桃山時代の茶人　千利休《せんのりきゅう》

前項で述べた言葉と意味が似ています。「家にしても食事にしても、贅沢を言えばきりがない。雨漏《も》りをしない程度の家、ひもじくないほどの食事が体にいい」というたとえで、我欲を抑え、多くを望まない生き方の大切さを説いています。

言い換えると、利休もまた「知足の心」を養いなさいというメッセージを投げかけているのです。

この考え方は、人生全般に当てはめることができると思うのです。

たとえば、A子さんが一週間、ハワイへ遊びに行ったとします。

ところが、あいにく天気が悪く、晴れたのは一日だけでした。しかも、食事も思ったほど美味しくなく、買い物だってお目当てのものがありませんでした。

こういうとき、もしA子さんに知足の心がなかったとしたらどうでしょう。「踏んだり蹴ったりとはこのこと。ハワイなんて楽しいことが一つもなかった。もう二度と行かない」といったようにイヤな思い出しか残りません。

けれども、A子さんに「知足の心」があったらどうでしょう。

「天気はいまいちだったけど、一日だけ晴天の日があったので、海水浴を存分に楽しむことができた。ホテルで食べたクロワッサンサンドも美味しかった」といったように、楽しい思い出だけが残るようになります。

つまり、**同じ体験をしても、心が一八〇度違ってしまう**のです。

公私を含め、行動するときは、「全部を期待するのはよそう。全部を望むのはよそう。三割楽しめれば十分」と言い聞かせるようにするといいと思います。

最も危険な行為は自分を追いつめることだ

反省は病を治す薬だが、大事なのは過ちを改めることもし悔いにとらわれているだけなら、別の病が起こる

――中国明代の儒学者　王陽明《ようめい》

「賢い人は失敗したら反省し、同じ失敗をしないような対処策を講じる。しかし、愚かな人は失敗したら反省よりも、後悔や自己嫌悪感、不安などにかられ、心を病的な状態に追い込んでしまう」ということを表しています。

たとえば、AさんとBさんという自営業者が欠陥商品を納入してしまい、お客様

からクレームを受けたとします。二人とも謝罪に出向き、新たな商品を納入し直すことで問題が解決しました。

Aさんは大いに反省し、「これからはチェック項目を多くして、完璧な状態であることを確認してから納入しよう」と考え、**同じ失敗を繰り返さないように決意を新たに**しました。ですから、心がいったんはマイナスに傾いても、時が経つにつれてプラスへ移行したのです。

一方、Bさんは反省したものの、それよりも「なぜチェックできなかったんだ」という後悔、「自分はダメな人間だ」という自責の念にかられてしまいました。そして、「店に悪評が立ったら、お客さんの数が激減してしまう」という悪い予測を勝手に立て、取り越し苦労で悩まされるようになったのです。

これでは、マイナスに傾いた心が、さらにマイナス方向に移行してしまうだけで、何の益もありません。

失敗したとき、落ち込みやすい人は、この見出しの言葉を指針に、ぜひとも心を病的な状態に追い込まないようにすることが大切です。

反省はしても、悔いを引きずらないことが大切です。

成功イコールお金持ちではない

金銀、平日は至宝なれども、飢饉《ききん》の用をなさざれば、金銀を集むるは何の為《ため》にや

——江戸中期の儒学者・蘭学者　青木昆陽《こんよう》

直訳すると「金銀は、普段は何かと重宝するが、飢饉《ききん》で食料がなくなれば、買うこともできないため、いくらあっても役に立たない」という意味になります。「お金は手段であって目的ではない。したがって、お金儲けに躍起《やっき》になってはならない」ということを表しています。

これはものすごく重要なことだと思うのです。

というのは、現代人には「成功イコールお金持ちになること」と考えている人がとても多いからです。これは、あまり正しいとはいえません。**お金儲けに躍起になると、我欲丸出しとなり、性格がいやらしくなってしまう**からです。何よりも世間が「本当の成功者」と見てくれなくなります。

真の成功の条件とは、「世の中に喜びと感動を与える」「世の中に貢献できる」の二点に尽きると言っていいでしょう。

いい例がビートルズです。彼らがもっとも成功したアーティストといわれているのは、世界中の人たちに喜びと感動と興奮を与えたからにほかなりません。

パナソニック創業者の松下幸之助が成功者の典型とされるのも、電気製品を開発、供給していくことで、人々の暮らしが便利になるように貢献したからです。

成功を目ざすなら「成功イコールお金持ちになること」という誤った考えを捨て、どうすれば人々に喜びと感動を与えられるか、どうすれば貢献できるかに目を向け、可能なこと、できる範囲のことから行うことです。そうすれば、お金は必然的についてきます。自分がお金以外に何のために働くのか、考えてみましょう。

勝つことに執着すると負けてしまう

双六《すごろく》の上手といいし人に、その手立てを問い侍《はべ》りしかば、「勝たんと打つべからず。負けじと打つべきなり」

——鎌倉後期の歌人・随筆家　吉田兼好《けんこう》

吉田兼好《けんこう》が「すごろく」がものすごく上手な人に「勝つ秘訣」を聞いたときに返ってきたのが、この言葉だと言われています。わかりやすくいうと、「すごろくをやるとき、勝とう、勝とうという気持ちで行うよりも、負けまいという気持ちで行ったほうが、勝率が高まるようになる」ということです。

言い換えると、**「勝つことにこだわりすぎると、かえって負ける可能性が高くなる」**と説いているのです。

プロ野球がいい例です。九回の裏ツーアウト、あと一人という土壇場でヒットやホームランを打たれ、逆転負けしてしまう投手がいます。「何が何でも勝ってみせる」と緊張して力むあまり、コントロールを乱してしまうからなのです。

私たちの仕事だって例外ではありません。

「ぜひともプロジェクトを成功させてみせる」「必ず、店長に昇進する」などと必要以上に気負うと、プレッシャーへと転じてしまい、本来の実力が発揮できなくなってしまいます。やらないでいいミスを犯してしまうなど、かえって悪い結果を招いてしまう恐れがあります。

思い当たる人は、そういったプレッシャーの元を極力、セーブするように心がけましょう。まずはリラックスして、仕事を楽しむくらいの気持ちで取り組むことです。

この言葉にある「負けじと打つ」とはそういう意味で、「勝とうと打つ」よりも、案外、うまくいくものなのです。

必要以上に成功にこだわりすぎないことです。

我欲を捨てれば道が開ける

山川の末に流るる栃殻《とちがら》も
実を捨ててこそ浮かぶ瀬もあれ

――平安時代中期の僧　空也《くうや》

栃殻《とちがら》とは成熟した栃の実のことです。実が入っていると重いので、沈んだままコロコロと川の底を流れますが、実を捨てて殻だけになれば、軽くなるため、再び浮かび上がるようになるといいます。

「実に執着しては沈むだけだが、実を捨てれば浮かぶ。人も同じで、私心や我欲を捨てれば、道が開けるようになる」ということを表しています。

この言葉は人生の成功を求める人には、大いに参考になるといっていいでしょう。

「地位と名誉を手にしたい」「お金持ちになりたい」と考えるのは無理からぬことですが、問題なのはその思いが強くなると、我欲に転じてしまうことです。

そうなると、ちょっとした挫折だけで失望と落胆の念にかられ、心がマイナスに傾いてしまうようになります。すると「マイナスの想念はマイナスの現象を呼び込む」という心の法則によって、やることなすことが全部うまくいかなくなってしまう可能性があるのです。

そうならないためには、**地位・名誉・お金への欲望をいったん捨てる**ことです。

この場合の「捨てる」とは、求めない・望まないという意味ではなく、必要以上に考えないということです。「まじめにやっていれば、必要に応じて神様が与えてくださるだろう」くらいの気持ちでいるのです。

その一方で、スキルアップを図り、天職を通して、世のため、人のために役立つことを行います。そうすれば、地位・名誉・お金といったものは、自然に引き寄せられるようになります。我欲を捨てて、人のために役立つことを考えましょう。

6章まとめ

「がんばりすぎる」感情を整理するコツ

- 「まあいいか」を口ぐせに、リラックスして取り組む
- がんばってもうまくいかないときは、いったん休む
- どこまでの成功を求めるのか、歯止めを決めておく
- 柔軟性を養う
- 欲望には際限がない。知足の心で生きる
- 望みすぎなければ、だいたいのことは許せる
- 反省はしても、悔いを引きずらない
- お金以外に何のために働くのか、考える
- 必要以上に成功にこだわりすぎない
- 我欲を捨てて、人のために役立つことを考える

第7章

「愛されたい」感情を整理するコツ

人を育てることは自分を育てることだ

人に勝る財はなし

——江戸初期・臨済《りんざい》宗の僧　崇伝《すうでん》

時の天下人・豊臣秀吉が徳川家康に向かって自慢げにこう尋ねたことがありました。「ワシには珍奇な陶器や茶碗をはじめ、宝物と呼べるものがたくさんある。徳川殿はどんな宝物をお持ちかな?」と。家康は次のように答えました。

「私は殿下と違って宝物と呼べるものは一つもありません。強いていえば、いつも陰《かげ》に日向《ひなた》に私を支えてくれる家臣たちでしょうか。家臣たちがいなければ、今頃は徳川家だって、どうなっていたかわかりません」

家康からこう言われた秀吉は苦虫をかみつぶしたような顔をしたといいます。

家康の側近でもある僧・崇伝《すうでん》が、この言葉にいたく感動し、以来、口ぐせのように用いたとされます。

端的にいうと「人はお金よりも尊いものである」ということを表しています。

大半の願望、あるいは成功のチャンスといったものは、その形がどうあれ、人によってもたらされるといっていいでしょう。

「こういう仕事に就きたい」「独立開業したい」「結婚したい」という場合も、そのきっかけは人が作ってくれるのであって、お金が作ってくれるのではないのです。

その意味で、まさしく「人」に勝る財はないのです。

そして、「人」という財を作るためには、まず自分自身が他人から好かれるような人間にならなくてはなりません。

「この人を応援しよう」「この人のために一肌脱ごう」と思われるようにならなくてはなりません。人を大切にすると、いいことがたくさん起こるのです。

人間関係は鏡のようなもの。愛すれば愛される

我よく人を愛すれば、
人また我を愛す

——江戸初期の儒学者　伊藤仁斎《じんさい》

「相手に好意をもって接していけば、相手も自分に好意をもって接してくれるようになる」という観点から、「人間関係は鏡のようなものだ」ということを表しています。

鏡に向かって微笑めば、鏡の自分が微笑み返します。それと同じように、人間関係でも、**自分が心的態度をよくすれば、相手もおのずと心的態度をよくする**ようになる

ということを説いているのです。

どうして、そんなことがいえるのでしょう。

それは、私たち一人ひとりの心は、奥深いところで、他の人たちの心とつながっているからです。相手に抱く感情は、よくも悪くも、ブーメランのように跳ね返ってくる仕組みになっているのです。相手にマイナスの念を送れば、相手もマイナスの念を送り返すことになります。しかしプラスの念を送れば、相手もプラスの念を送り返してくれるようになっているのです。

これを私は「鏡のルール」と呼んでいます。

この「鏡のルール」の働きをプラスに活用して、どんな相手に対しても、「あなたと親しくなりたいです」「仲よくなりたいです」「応援しますよ」という気持ちで接していくことです。

そうすれば、それが言葉になって現れます。態度になって現れます。ちょっとしたしぐさにも現れます。その結果、相手も「私もこの人と親しくなりたい」「仲よくなりたい」「応援してあげたいな」という気持ちになり、双方は良好な関係を築くことができるようになるのです。まず自分から変わりましょう。

人につらく当たると、人から冷たくされる

我人に辛《つら》ければ
人また我に辛し

——江戸中期の劇作家　近松門左衛門《もんざえもん》

この言葉も前項と同じで、逆説的な観点から「人に辛く当たられるのは、自分が相手に優しく接していない証拠である。相手のあなたに対する態度は、あなたの相手に対する態度そのものである」ということを表しています。

近松門左衛門《もんざえもん》がこの言葉を口にしたきっかけは、友人の存在でした。

その友人とは大変仲がよかったのですが、あるときを境に会うたびに「最近のおまえの脚本はつまらない。いまいちおもしろくない」と言われるようになりました。そのため、とうとう大ゲンカになってしまい、絶縁状態になったのです。

ところが、間もなくして、ピーンと感じるものがありました。実は、その友人はソバ屋を営んでいて、近松もよく行っていたのですが、「おまえのところのソバつゆは最近ダシがきいていない」とか「量の割には値段が高い」と文句ばかりこぼしていた自分に気づいたのです。

こう言われれば、友人だっておもしろくはありません。その仕返しに近松の脚本を酷評するようになったのです。近松は大いに反省し、友人に謝罪し、仲直りしました。すると友人も近松の脚本を酷評しなくなったというのです。

「上司が冷たく当たる」「自分の店に来る客が減った」といったことで悩んでいる人は、「鏡のルール」の観点から、**「自分も相手が不快になるような言動をとっていないか」ということを、足元から見つめ直してみる**といいかもしれません。

そして、思い当たるところがあれば、早速、改善するように努めるのです。それだけでも、相手の態度は変わるようになるでしょう。

自分がされてイヤなことは相手にもしてはならない

己《おのれ》の欲せざる所は人に施す勿《なか》れ

——中国古代の思想家　孔子《こうし》

「自分がされてイヤなことは、相手にもしてはならない」ということを、この言葉は表しています。

ある会社の社長の話を紹介しましょう。

社長は、同じように優秀なA部長とB部長の、どちらを将来の後継者にするか悩んでいました。そんな年の暮れ、社長はA部長の部署が単独で行う忘年会に出席しました。すると、A部長がお酒を飲めない社員に、「飲め。だらしないぞ。男のくせに」と、お酒を強要している光景が目に入ってきました。

数日後、今度はB部長の部署が単独で行う忘年会に出席しました。すると、B部長がお酒を飲めない社員に、「ウーロン茶かジュースでも頼みなさい」とねぎらっている光景が目に入ってきました。

この瞬間、社長はB部長を将来の後継者に定める決意を固めました。お酒が飲めない部下の気持ちが読める人間のほうに社員はついていくだろう、人望も集まるだろう、と考えたのです。

自分が他人からされたくないことは、自分も他人にしないことです。イヤミを言われたくなければ、自分も他人にイヤミを言わないようにするのです。悪口を言われたくなければ、自分も悪口を言わないようにします。価値観を押し付けられるのがイヤなら、自分も他人に価値観を押し付けないようにすべきです。そうすれば、相手は「人の気持ちがわかる人」という評価を下してくれ、好感を持ってくれるようになるのは間違いなしです。

相手に気配りをするほど相手に好かれるようになる

客の心になりて亭主せよ
亭主の心になりて客いたせ

――江戸後期の大名・茶人　松平不昧《ふまい》

「もてなす側は来客の立場になって細かい点に注意を払うべきだし、招かれる客は招いてくれる人の立場になって細かい点に注意を払わなければならない」という茶の湯における心構えを説いた言葉です。

Aさんが B さんを招待する場合、B さんが暑がりならば風通しのいいところに案内します。生魚を苦手としていたら、煮魚か焼き魚を出します。招かれる側のＢさんは、訪問時間を厳守しなければなりません。また、Ａさんがしょっぱいものを苦手としていたら、そういった土産を持参しないようにします。

このように、見出しの言葉は、**お互いが相手の都合・趣味・嗜好に敏感になってこそ、良好な関係が築ける**ようになることを示唆しているのです。

この教えは、現代を生きる私たちにも大いに参考になると思います。

友人にジャズのＣＤを貸してあげても、相手がジャズを聴かなければ、ありがた迷惑です。逆に友人がクラシックのＣＤを貸してくれても、自分がクラシックに関心がなければ、今度は自分が困惑します。

こうしたミスを防ぐためには、あらかじめ相手の趣味や嗜好を確認しておき、自分のそれも相手に伝えておくことが重要になってきます。

そうすれば「この人はタバコを吸わないから、喫茶店に入ったら禁煙席に座ろう」とか、「この人は旅行が好きだから、会話するときは、旅行の話を話題に出そう」といったように、お互いが相手のことを思いやれる良好な関係に進展していくことでしょう。相手を察する心を持つことが、愛されるコツです。

長所も必要以上にさらけ出さないほうがいい

秘すれば花なり
秘せずば花なるべからず

――室町時代の能役者・能作者　世阿弥《ぜあみ》

「花はその花芯《かしん》（おしべとめしべ）を花びらの奥に隠している。だから、美しく見える。もし、これをあからさまに見せてしまうと、美しさが半減してしまう」というのが、この言葉の意味です。「人間も同じで、長所や魅力というものは、必要以上にさらけ出さないほうがいい。かえって人に煙たがられることになる」ということを示唆しています。

好例に、英会話があります。

四人の友達が海外旅行に行きました。みんな英語がしゃべれず、ちょっと不安でしたが、案の定、買い物をしていたら道に迷ってしまいました。

すると、英語がしゃべれないと思っていた一人の友達が、流暢《りゅうちょう》な英語で地元の人に道を尋ねてくれ、おかげでホテルに戻ることができました。

他の三人はその友達を、「いつの間に英会話をマスターしたの？　あんなに上手だとは知らなかったよ」と賞賛しました。

しかし、その友達が「僕は英会話を完全にマスターしている。上手だよ」といったようなことを、常日頃、自慢していたらどうでしょう。

ましてや旅行先で地元の人とペラペラ会話して、「どうだ。すごいだろう」という態度を見せつけたらどうでしょう。

他の三人はおもしろくないと思います。

長所や魅力は、「ここぞ」というときに出すものと考え、必要以上に見せつけないことです。人は、自慢話をつつしむ人間に親しみと好感を寄せるものなのです。

相手の長所や取り柄を見つけて評価しよう

人みな各々《おのおの》の得たる所一つあるものなり

——江戸初期の臨済宗の僧　沢庵《たくあん》

この言葉は、「人には誰でも長所や取り柄といったものが一つや二つある。それを見つけて評価してあげれば、良好な関係を築くことができるようになる」ということを表しています。

好例として、沢庵《たくあん》は三代将軍・徳川家光に対して、こんな話をしたといいます。

家光の祖父である徳川家康が織田信長と同盟を結んで戦国大名と戦っていたころ、信長はよく家康に援軍を求めていました。あるとき、家康に三千人もの援軍を求めてきました。家康は家臣Aを信長のもとに遣わして、「じきにさし向けます」と伝えさせました。ところが、その直後、信長から「援軍はやはり結構です」という返事が返ってきました。なぜでしょうか。

実は、家臣Aはいつも苦虫をかみつぶしたような顔をしていました。信長の前に出ても、その表情は変わりません。その顔を見た信長は「家臣がこんな顔をしているようでは、徳川殿も援軍をさし向ける余裕がないのかもしれない」と推察し、援軍の要請を撤回したのです。

これこそが家康の作戦でした。家臣Aの表情を逆手にとって、援軍をさし向けないですむように知恵をしぼったのです。家臣Aの表情は、家康にとって「得たる所」、すなわち長所・魅力だったのです。

人間には、**一見すると短所のように思えても、使い方ひとつで長所に転化する**というところがあるのです。大切なのは、それを探し、認め、評価してあげることです。

相手が自分では短所と思っているところを評価してあげましょう。

口から発する言葉は、幸いにもなれば災いにもなる

舌は禍福《かふく》の門

――中国古代の思想家　老子《ろうし》

「口から発せられる言葉は禍《わざわい》にもなれば幸いにもなる」ということを表しています。

ただ、誤解してもらいたくないことが一つあります。人から好かれるには、マイナスの言葉だけをつつしんで、プラスの言葉を多く口にすればいいというものではないということです。むしろ逆効果になってしまう場合があります。

たとえば、道で知人とばったり会い、「今年の夏は異常に暑いですね。毎日がイヤになります」と言われたとします。このとき、そんなマイナスの言葉には同調したくないと考え、「でも、夏らしくていいじゃないですか。それにサウナに入っていると思えば、気分だって爽快になります」と返事をしたらどうでしょう。

相手は、「この人、何を考えているのだろう。イヤミな人だ」と思ってもおかしくありません。「本当にこの暑さは異常です。お体は大丈夫ですか」などと返事をすべきでしょう。「夏の異常な暑さ」という話題が共有できるため、会話がスラスラと進展していくでしょう。

加えて「私はあなたと違って体力がないから、この夏が乗り切っていけるかどうか心配ですよ」のひと言を付け加えたなら、相手はちょっとした優越感に浸ることもできます。

「**プラスの言葉は基本的には自分に向けて発するもの**」と考えます。

他人に対しては、状況に応じて、マイナスの言葉に同調したり、自らマイナスの言葉を口にしてもいいことを肝に銘じてほしいのです。それができるかどうかで、人から好かれる頻度もガラリと変わることでしょう。

困っているときに助けてくれる人こそ真の友人

飲み友達なるものがある
きみよ、きみよと呼びかけて、親友であると自称する
しかし、事が生じたときに味方となってくれる人こそ、真の友達である

——仏教の開祖　ブッダ（釈迦《しゃか》）

人生に波はつきものです。好調なときには大勢の人が集まってきますが、不調に陥るやいなや、潮が引いたように人はパーッと去って行ってしまいます。

その観点から「好調なときに応援、協力してくれる人間よりも、**不調なときに応援、協力してくれる人を大切にしなければならない。**そういう人間は本物だから」と

いうことを、この言葉は表しています。

昭和の名横綱に千代の富士がいます。

千代の富士は、前頭だったころ、脱臼《だっきゅう》によるケガで休場を繰り返していました。いつも左肩を痛めていたのが、右肩まで脱臼してしまい、力士生命が危ぶまれたことがありました。

「もう、あいつが引退するのは時間の問題だ」と思ったのか、他の力士たちや親方衆の多くが、いっさい慰めの言葉をかけようとはしませんでした。ひと言で言ってしまうと、千代の富士を見捨ててしまったのです。

しかし、元大関の初代貴ノ花だけは違いました。連日連夜、千代の富士に電話をかけて「大丈夫！　必ず再起できるから、あきらめないで」と励ましつづけたといわれています。

不調なときに味方になってくれる初代貴ノ花のような人間こそが最高の財産なのです。そういう人は、他人の心の痛みがわかっています。思いやりの精神で満ちています。そういう人が身近に一人でも多くいれば、心を強くして生きられます。

友が困っているときこそ、手を差し伸べましょう。

他人に過度の期待を寄せてはいけない

よろずの事は頼むべからず
愚かなる人は、ふかく物を頼むゆえに怨《うら》み怒ること
あり

――鎌倉後期の歌人・随筆家　吉田兼好《けんこう》

「他人に過度の期待を寄せてはならない。それが多ければ多いほど、期待はずれの結果に終わったとき不機嫌になり、関係がギクシャクしてしまう可能性がある」ということを、この言葉は表しています。

昔、アメリカのある心理学者が、職場内における「上司と部下」「同僚同士」のも

つれの要因を観察しました。すると、相手に過度の期待を寄せていることが大きな原因となっているケースが六割近くあることが判明しました。

「あの部下なら、もう少し、上手にまとめてくれると思ったのに」「同僚さえフォローしてくれたら、契約がまとまったのに」といった具合です。

そして、これらはすべて依存心が元になっていると指摘していました。

依存心は、甘えにほかなりません。甘えは、相手と親しければ親しいほど増大します。その分、甘えが通用しないときの反動も大きくなり、相手に対するフラストレーションも増大するのです。

決して相手に甘えないことです。つまり、過度の期待を寄せないことです。**「あの人は私の期待どおりには動いてくれない。けれど、それが当たり前」**と考え、期待通りに動いてくれたときだけ、「ラッキー」「ありがたい」「助かった」と思うことです。そうすれば、相手に対する依存心、甘えは激減していきます。相手が期待通りに動いてくれなかったとしても、不快になることはありません。

相手に対する身勝手な依存をしないように心がけるだけでも、対人運はみるみる好転していきます。他人に過度の期待をかけないようにしましょう。

7章まとめ

「愛されたい」感情を整理するコツ

- モノよりも、お金よりも、人を大切にする
- 人間関係は鏡のようなもの。まず自分から変わる
- 人を批判すると、その批判は自分に返ってくる
- 自分がしてほしいことを相手にする
- 相手を察する心を持つことが、愛されるコツ
- 秘すれば花。得意なことは見せびらかさない
- 相手が自分では短所と思っているところを評価してあげる
- 会話は、否定ではなく肯定から入る
- 友が困っているときこそ、手を差し伸べる
- 他人に過度の期待をかけない

第8章

「認めてもらいたい」感情を整理するコツ

人をうらやんではいけない。人にはそれぞれ悩みがある

河に住んで力あるものは、
陸に登って悩む

――鎌倉時代の臨済宗《りんざいしゅう》の開祖　栄西《えいさい》

大きくて泳ぎの速い魚が、陸上で暮らす小動物に憧れ、陸地にあがったところで、いいことなど一つもありません。走り回ることができませんし、小動物たちが獰猛《どうもう》な捕食者の餌食《えじき》になることに怖れおののきながら暮らしているのを知ったら「自分が食べられてしまうのは時間の問題だ」と後悔の念にかられるだけです。

それを引き合いに、**「自分と立場の違う人をうらやんではならない。相手には相手なりに苦労や悩みがある」**ということを言った言葉です。

いい例が、マイホームを持っている友人を見て「いいなあ。自分も庭つきの一戸建て住宅をかまえたい」と思ったときです。

友人が住宅ローンの支払いで大変な思いをしていて、お小遣いも満足にない状況にあったとしたらどうでしょう。ローンの心配もなく、好きなときに好きなものを買え、好きな場所に旅行に行くことができる自分の境遇のほうが、ありがたく思えてくるのではないでしょうか。

まして、買い物や旅行を唯一の趣味にしていたとしたら、マイホームを持った瞬間、お金が自由に使えなくなるわけですから、人生の楽しみが激減するのは目に見えています。

他人の境遇やライフスタイルがうらやましく思えても、当人は当人なりにさまざまな問題や悩みを抱えているのです。

そのことを知って「他人は他人、自分は自分。比較するなんてナンセンス」という気持ちでいれば、心がだいぶ楽になります。うらやむ人にも悩みがあると知りましょう。

原因は自分であり他人ではない

私たちの現在はすべて
私たちがこれまで考えてきたことの結果である
これからも私たちは自分たちが考えたようになっ
ていく

――仏教の開祖　ブッダ（釈迦《しゃか》）

この言葉は、「人の運命は因果の法則で成り立っている。よくも悪くもその人が考えたとおりに展開していく」ということを表しています。

これは人間の潜在意識の働きが関係しています。私たちがいつも思っていることは、絶えず潜在意識にインプットされています。**潜在意識にインプットされたことは**

内容がどうあれ、現象となって人生に大きな影響を及ぼす仕組みになっているのです。

たとえば、「私には学歴がないし、スキルもない。だからたいして成功できない」と思いつづけている人がいます。そういう人を観察すると、本当にうだつの上がらない人生を送っています。

しかし「私には学歴がないが、絶対に成功してみせる」と思いつづけている人は違います。会社で重要なポジションを与えられていたり、独立して成功をおさめるなど、華々しく活躍している人生を送っています。

それらはいずれも、その人が過去に思いつづけた想念の結晶なのです。それが現象として顕現《けんげん》しただけのことなのです。

今からでも遅くはありません。心の中に新たな想念を植え付け、新たな「因」をつくり出すことです。タクシーの乗客になったつもりで、「成功に行ってくれ」と、新たな目的地を潜在意識という名のドライバーに告げることです。

そうすれば、現状はどうあれ、運命は自分の思い描いた通りに展開するようになるのです。思考が未来をつくります。将来どうなりたいか思い描いてみましょう。

善行の結果を期待するなら、悪行をまず減らせ

善因善来《ぜんいんぜんらい》、
悪因悪来《あくいんあくらい》

——仏教の開祖　ブッダ（釈迦《しゃか》）

「よい行いをすればよいことが起きる。悪い行いをすれば悪いことが起きる」ということを表しているのですが、細かに分析すると、大変奥深いものがあります。

よい行いをしても、同時に悪い行いをしていると、差し引きゼロでよいことが起きなかったり、悪いことが起きてしまう可能性があるからです。

お釈迦《しゃか》様は果実売りの商人の話を引き合いに出しています。

彼は、一見とても勤勉で、朝早くから夜遅くまで働きつづけていました。しかし、果実はあまり売れず、生活がいっこうに楽になりません。いつまで経っても貧乏なのです。

これには理由がありました。彼は農民から果実をすごく安い値段で買い、それを極上品と偽って高い値段で売っていたのです。「偽装」という悪行を積み重ねていたのです。そのため、長時間働きつづけても、生活が楽にならなかったのです。

しかし、彼の行いを、あながち非難することはできないとお釈迦様は指摘しています。人を欺《あざむ》く以外にも、誰かの悪口を言う、誰かを妬《ねた》む、誰かを恨む、卑怯な振る舞いをする、ごう慢になる、横柄《おうへい》な態度をとる……。

こういったことも悪行になるため、常日頃、そういったことをしていると、たとえよい行いをしても、悪いことが起きてしまうのです。

まずは極力、悪い行いや態度を慎《つつし》むことです。

これが運命好転の第一歩となるのです。よい行いをする前に、悪い行いを慎みましょう。

敵に勝つなら自分にまず打ち勝つことだ

平家を滅ぼすものは平家

――平安後期の僧・歌人　西行《さいぎょう》

あるとき、西行《さいぎょう》のもとに若い僧が訪れ、壇ノ浦で平家が滅んだ知らせをもたらしました。「あれほど権勢を振るっていた平家が簡単に滅んでしまうとは、正直、驚きました。やはり源氏は強いのですね。これからは源氏の世になりましょう」と言ってくる若い僧に、西行は次のように返事をしたのです。

「平家が滅んだのは源氏が強かったからではないと思います。滅んだ原因は平家自身にあるのではないでしょうか。もし、平家がおごり高ぶることがなければ、時代は平家に味方し、源氏は平家を滅ぼすことができなかったでしょう。平家は身から出たサビで滅んだのです」

ここから生まれたとされているのがこの言葉です。「おごり高ぶる者はやがて衰退していく」ということを表しています。

私たちだって例外ではありません。

人生がうまくいっているとき、私たちは往々にして天狗になりがちです。ごう慢になったり、横柄《おうへい》な態度をとりがちです。しかし、それだといずれ人は離れていき、誰からも応援・協力してもらえなくなります。運だって低下してしまいます。

逆に「みなさんのおかげです」「人間ができている」という**感謝の気持ちをもって、誰に対しても謙虚な姿勢で接していく**と、「人間ができている」ということで、他人はますますその人に寄り添うようになります。そして、応援・協力を買って出てくれるようになります。

感謝が感謝を呼んで、その人の運は衰退するどころか、ますますよくなるようになるのです。自分を滅ぼすのは自分自身です。謙虚さを忘れないようにしましょう。

願望達成には時間が必要

達磨《だるま》九年、仏六年

――室町時代の禅僧　一休《いっきゅう》

禅宗の開祖とされる達磨《だるま》は、悟りの境地に至るまで九年かかり、仏教の開祖であるお釈迦様は、悟りを開くのに六年かかりました。そして、そこに至るまでには大変な修行を要したのです。

このたとえは、「何かを**成し遂げるためには、ある程度の時間もかかるし、労力も**

費やさなくてはならない」ということを説き明かしています。

豊臣秀吉などがまさにそうです。織田信長に取り立てられ、とんとん拍子《びょうし》に出世したかのようなイメージがありますが、けっしてそんなことはありません。実は草履《ぞうり》取りから足軽に取り立てられるまで、五年近くかかっています。

テレビによく登場するある有名料理人も同じです。入門してすぐは皿洗いや掃除ばかり。満足に包丁が握れるようになったのは、三〜四年経ってからだといいます。

それに比べると私たちはどうでしょう。

「建築家として活躍したいのに、図面も描かせてもらえない」「アイデアがあるのに、アシスタントのままだ」と文句をこぼす人が多いような気がしてなりません。

しかし、何年もその状態はつづかないはずです。せいぜいあと一〜二年ではないでしょうか。それなのに思い通りに展開していないと嘆くのは早計というものです。

なりたい自分をイメージしても、一足《いっそく》飛びになれる人は存在しません。ある程度の時間が必要だし、それなりに努力していかなくてはなりません。

しかし、「ある程度の時間」「それなりの努力」さえクリアすれば、突然光が射してきて、願望の実現へ、とんとん拍子に事が運ぶようになるのです。

小さなことの積み重ねが勝利をもたらす

大事をなそうと思うなら、
小事を怠るな

――江戸後期の農政家・思想家　二宮尊徳《たかのり》

昔、貧しい浪人が農民から田畑を譲り受け、美味しい野菜を作ろうと思い立ちました。それを売れば、いくばくかのお金になるかもしれないと考えたのです。

ところが、何年経っても、美味しい野菜を作ることができません。

そこで浪人は二宮尊徳《たかのり》に「美味しい野菜の種はどこから仕入れたらいいでしょう

か。肥やしはどのように調合したらいいのでしょうか」と尋ねました。

尊徳はこう答えました。「野菜の種や肥やしなど、どうでもいいのです。そんなことを考える暇があったら、田畑に生えている雑草を取り除くことを考えなさい。雑草を取るだけでも、土に十分な栄養が行き渡ります。そういった小事を大切にすることが、美味しい野菜づくりにつながっていくのです」と。

こうして生まれたのが見出しの言葉です。端的に言うと、**「取るに足らないことの小さな積み重ねが願望の実現につながる」**ということを表しています。

私たちも同じです。「いつか料理人として活躍したい」という願望があっても、調理師の資格を取る勉強をしなければ、願望をかなえることはできません。「独立して商売を始めたい」という願望があっても、そのための人脈づくりに努めなければ、願望をかなえることはできません。

あらゆる願望は、取るに足らない些細な要素から成り立っています。

取るに足らない些細《ささい》な事柄を、一つ一つ、万全なものにしてこそ、「今の自分」と「なりたい自分」の間にパイプが引かれるようになり、願望の実現は日の目を見るようになるのです。小さなことの積み重ねをおろそかにしないようにしましょう。

バラは花を見るべきで
トゲを見るべきではない

仁者《じんじゃ》は常に人の是《ぜ》を見る
不仁者は常に人の非を見る

——江戸初期の儒学者　伊藤仁斎《じんさい》

ここでいう仁者とは賢い人、不仁者とは愚かな人という意味です。「賢い人はいつも他人のよいところを見て、評価する。しかし、愚かな人はいつも他人の悪いところを見て、非難する」ということを、この言葉は表しています。

ところが、時代を問わず、世の中には、賢い人より愚かな人が多い気がしてなりません。

愚かな人はあら探しばかりして、本人のいないところでも悪口を言います。それを聞かされる側は、こう考えざるをえなくなります。「自分だって、この人に陰でなんと言われているかわからない」と。

愚かな人は、こうして人望をなくしてしまいます。誰からも相手にされなくなるし、孤独になります。心だってマイナスに傾いてしまいます。

他人のよいところを見るように努めましょう。**「あなたのここが素晴らしい」と直接相手に伝えると同時に、本人のいないところでも同様の言葉を口にする**よう心がければ、それを聞く側はこう考えるようになります。「この人はいつも他人のことをほめる。なかなか人間ができている」と。

そういう人には、応援や協力をしてくれる人が多く集まります。孤独に悩むこともなく、心もプラスの状態が持続できるようになります。

欠点のない人など一人もいません。完璧な人間など一人も存在しません。

他人の悪いところばかり見つめるよりも、よいところを見つめたほうが、自分の心をプラスにキープするうえでも得策なのです。他人の長所を探してほめてあげましょう。

「自分も幸せ　相手も幸せ」の精神を持つこと

実《まこと》の商人は先も立ち
我も立つことを思うなり

――江戸中期の思想家　石田梅岩《ばいがん》

言葉の意味を述べる前に、まず、石田梅岩《ばいがん》にまつわる話を紹介しましょう。梅岩が弟子と旅に出たことがありました。ある山の麓《ふもと》で喉《のど》が渇きましたが、そこは雨不足で小川の水も枯渇《こかつ》している場所でした。

飲み水に困っていると、商人らしき人間が大きな樽《たる》を担《かつ》いでやって来て、「樽の中には水が入っている。一杯、一文でいいよ」と水を売りつけようとしました。梅岩が、「この水はきれいかね」と尋ねると、商人は「泉の水ほどではないかもしれないが、川の水だから、十分飲める」と言うので、梅岩は水を買いました。

後になって弟子は「川の水を売るとはけしからん奴ですね」と憤慨しましたが、梅岩は「あの男はあっぱれ。まことの商人だ」と答えたのです。

「泉の水ほどきれいではないと正直に告白したうえで、適正な価格で、喉の渇きというニーズを満たしてくれた点は、買い手が利を得た。水を売ってお金を稼ぐという点では、売り手が利を得た」というわけです。

ここから生まれたのがこの言葉で、端的にいうと「**商売は、買い手と売り手双方にとってメリットがなければならない**」ということです。

仕事は、自分だけが得をしても、相手だけが得をしてもダメです。双方が得をして、幸せを分かち合える関係でなくてはなりません。

そのことを肝に銘じれば、我欲がなくなり、嘘偽りのない誠実な態度で相手のニーズに応えようという気持ちになれます。神様は、そういう人に成功のチャンスをプレゼントしてくれるものなのです。自分も幸せ、相手も幸せの精神で仕事をしましょう。

世の中すべてが師である

天地これ師なり、
事物これ師なり

――江戸前期の儒学者　山鹿素行《やまがそこう》

「世の中のすべてが師である。目にふれ耳に伝わるものすべてに、学ぶべきことが多々ある」という意味ですが、私は一歩進めて次のように解釈してみました。

「**世の中のすべてが師であり、そこからいろいろなことを学ぶ**と感謝の気持ちが芽生えてくる。感謝の気持ちをもって生きれば、ますます運がよくなる」

仕事をしていて報告書の作成に行き詰まったときがいい例です。そんなときに、上司が「こうするといいよ」と優しく助言してくれたらどうでしょう。コツを飲み込むことができ、次回からずっと役立ちます。仕事全体に対する気分だって楽になるに違いありません。

そして実際、次に報告書を作成したときにうまくいったとしたら、それは上司のおかげであって、その時点で、上司は師となります。

同時に感謝の気持ちでいっぱいになると思います。

反面教師の場合も例外ではありません。

店員の接客態度が悪かったら、「あれではお客さんがリピーターにならない。自分は正反対の態度で接しよう」と学ぶことができます。そして実際、自分の態度を磨くことができれば、反面教師も師となり、ありがたく思えてきます。

同じ要領でいろいろなことを学び、「これで自分は一つ成長できた。ありがたい」と自分に言い聞かせるのです。

そういう姿勢でいれば、人格にいっそうの磨きがかかるようになります。こう考えていくと、どんな人でも、境遇でも、師となり得るのです。

今を幸せと感じれば、永久的な幸福感を味わえる

この秋は水か嵐か知らねども
今日のつとめに田草とるなり

——江戸後期の農政家・思想家　二宮尊徳《たかのり》

直訳すると「この秋は大水が出るか、嵐が来るかわからない。だが、私は自分の仕事として夏の草とりをする」という意味になります。

しかし、この言葉はとても奥深いものがあります。尊徳《たかのり》はその後「今日のつとめに幸あり」と結んでいるからです。

つまり、この言葉は「人生は『今』の連続体であるから、**今を幸せと感じれば、それが未来につながり、その人は永久的な幸福感を味わうことができる**ようになる」ということを示唆しているのです。

私たちは幸せというと、「仕事で成功して地位と名誉を獲得すること」「お金持ちになること」「豪華客船で世界一周旅行をすること」などと考えがちです。しかし、それらは永久的な幸福には結びつきません。どれも一過性の喜びに過ぎないため、時が経つにつれて、感動が薄れていってしまうからです。

それよりも、生きがいをベースに、「毎日がワクワクする」「世のため、人のために、自分は役立っている」といった快適感をもつことが最も幸せではないでしょうか。快適感が四六時中持続できれば、心の状態がプラスにキープできるようになり、恒久的な幸福感を味わえます。

人生に生きがいを見つけることです。日々の仕事の中からやりがいを探求し、快適感が持続できるように工夫をこらすことです。

それがかなったとき、死ぬ間際に、きっとこんな言葉を口にすることができるはずです。「人生を楽しませてくれてありがとう」と。

8章まとめ

「認めてもらいたい」感情を整理するコツ

- うらやむ人にも悩みがあると知る
- 思考が未来をつくる。将来どうなりたいか思い描く
- 自分が悪い行いをしていないかチェックしてみる
- 自分を滅ぼすのは自分自身。謙虚さを忘れない
- 願望達成には時間がかかると覚悟する
- 小さなことの積み重ねをおろそかにしない
- 他人の長所を探してほめる
- 自分も幸せ、相手も幸せの精神で仕事をする
- どんな人からも、どんなことからも、学ぶべきことはある
- 毎日が楽しくなる生きがいを探す

植西 聰 うえにし あきら

東京都出身。著述家。学習院大学卒業後、資生堂に勤務。独立後、人生論の研究に従事。独自の『成心学』理論を確立し、人々を明るく元気づける著述を開始。1995年、「産業カウンセラー」(労働大臣認定資格)を取得。

近著に、『悩みごとの9割は捨てられる』(あさ出版)、『偉人に学ぶ生き方のヒント』(リンダパブリッシャーズ)、『人生が好転するブレない心を育てるコツ』(神宮館)、『嫌なことを笑って済ませる心の習慣』(さくら舎)、『運と友達になる習慣』(日本実業出版)、『「水」のように生きる』(ダイヤモンド社)、『対人力のコツ』(自由国民社)などがある。

モヤモヤした感情を整理する8つのコツ

2016年11月10日　第一刷発行

著　者　　植西 聰
発行人　　出口 汪
発行所　　株式会社 水王舎
〒160-0023
東京都新宿区西新宿6-15-1 ラ・トゥール新宿511
電話　03-5909-8920

本文印刷　　厚徳社
カバー印刷　　歩プロセス
製　本　　ナショナル製本
本文デザイン　　西垂水敦(krran)

編集協力　　土田修
編集統括　　瀬戸起彦(水王舎)

ISBN978-4-86470-063-4

この書籍は成美文庫から刊行された
『小さなことにクヨクヨしなくなる100の言葉』
を改題・加筆・再編集したものです。